Christian Kirchner
Ökonomische Theorie des Rechts

Schriftenreihe
der
Juristischen Gesellschaft zu Berlin

Heft 151

W
DE
G

1997
Walter de Gruyter · Berlin · New York

Ökonomische Theorie des Rechts

Von
Christian Kirchner

Überarbeitete und ergänzte Fassung eines Vortrages
gehalten vor der
Juristischen Gesellschaft zu Berlin
am 16. Oktober 1996

W
DE
G

1997
Walter de Gruyter · Berlin · New York

Prof. Dr. iur. Dr. rer. pol. *Christian Kirchner*, LL.M. (Harvard),
Juristische Fakultät
Humboldt-Universität zu Berlin

⊗ Gedruckt auf säurefreiem Papier,
das die US-ANSI-Norm über Haltbarkeit erfüllt.

Die Deutsche Bibliothek – CIP-Einheitsaufnahme

Kirchner, Christian:
Ökonomische Theorie des Rechts : Vortrag gehalten vor der
Juristischen Gesellschaft zu Berlin am 16. Oktober 1996 /
von Christian Kirchner. – Berlin ; New York : de Gruyter, 1997
  (Schriftenreihe der Juristischen Gesellschaft zu Berlin ; H. 151)
  ISBN 3-11-015745 4

I. Einführung

1. Ökonomische Theorie des Rechts und Interdisziplinarität

Die ökonomische Theorie des Rechts ist ein Thema, dem für eine neue Interdisziplinarität zwischen der Rechtswissenschaft und der Wirtschaftswissenschaft große Bedeutung zukommt. Jegliche Interdisziplinarität ist von Mißverständnissen, ungeklärten methodischen und terminologischen Fragen und der Angst um die Unabhängigkeit der am interdisziplinären Austauschprozeß beteiligten Wissenschaften begleitet. Dies gilt auch für Disziplinen wie die Rechts- und die Wirtschaftswissenschaft, die in der deutschen Universitätstradition bis in die Mitte dieses Jahrhunderts hinein oftmals unter dem gemeinsamen Dach der „Staatswissenschaften" beheimatet waren. Auch heute existieren an einigen Plätzen noch diese gemeinsamen Fakultäten; doch ist die Gemeinsamkeit leider oftmals zur formalen Organisation erstarrt. Zu weit haben sich die Einzeldisziplinen voneinander entfernt, daß es noch möglich wäre, ohne Vorklärungen in einen interdisziplinären Austauschprozeß zu treten. Die neue Teildisziplin „Ökonomische Theorie des Rechts" könnte eine der Schnittfelder zwischen den benachbarten Disziplinen sein, in denen es möglich ist, aufeinander zuzugehen und auszuloten, ob aus einer neuen Kooperation Vorteile für beide Nachbardisziplinen zu ziehen sind[1].

2. „Ökonomische Theorie des Rechts" oder „Ökonomische Analyse des Rechts"

Hier ist von „ökonomischer Theorie des Rechts" die Rede, nicht von „ökonomischer Analyse des Rechts" oder „economic analysis of law"[2], einem vielfach als Kampfbegriff empfundenen Terminus. Nun sollen begriffliche Auseinandersetzungen nicht mit inhaltlichen Diskussionen verwechselt werden. Dennoch ist die Terminologie – hier eben „ökonomische Theorie des Rechts" – deshalb wichtig, weil Mißverständnisse ihre Ursache oft im Terminologischen haben.

Economic Analysis of Law – so der Titel des bahnbrechenden Werkes von Richard Posner läßt sich leicht ins Deutsche mit „Ökonomische Analyse

---

[1] Vgl. zu den Kooperationsvorteilen interdisziplinärer Zusammenarbeit: *Kirchner* (1988).

[2] Kritiker der neuen Teildisziplin haben den US-amerikanischen Terminus auch deshalb verwendet, um auf den Charakter dieses Ansatzes als Fremdkörper in der deutschen Rechtswissenschaft hinzuweisen; vgl. *Fezer* (1986).

des Rechts" übersetzen[3]; doch ist der Begriff „analysis" im Englischen weiter und umfassender als der deutsche Begriff „Analyse". Es geht im Englischen schlicht darum, daß mit Hilfe des Instrumentariums der Wirtschaftswissenschaft rechtliche Fragestellungen behandelt werden. Dies kommt in der deutschen Übersetzung nicht zum Ausdruck. Der zweite Einwand gegen den Begriff „Ökonomische Analyse des Rechts": Es spielt eine Rolle, welche ökonomische Theorie man wählt, um rechtliche Fragestellungen zu untersuchen; das Werk von Posner verleitet dazu, die neue Disziplin gleichzusetzen mit dem ökonomischen Ansatz der sogenannten Chicago-Schule, der das Effizienzziel stark betont und auf diese Art und Weise den Konflikt zwischen wirtschaftswissenschaftlichen und möglichen rechtswissenschaftlichen Zielen vorprogrammiert[4]. Diese Fixierung auf das Effizienzziel ist für eine Kooperation zwischen Rechtswissenschaft und Wirtschaftswissenschaft nicht ungefährlich. Wählt man den Begriff „Ökonomische Theorie des Rechts", so wird damit der Anspruch in den Raum gestellt, daß es sich hier sowohl um eine ökonomische Theorie als auch um eine Unterdisziplin der Rechtstheorie – und damit der Rechtswissenschaft – handelt. Damit ist die *Ökonomische Theorie des Rechts* als Schnittmenge beider Wissenschaften, der Wirtschafts- und der Rechtswissenschaft, korrekt erfaßt. Sie ist eine Klammer zwischen den Disziplinen.

3. Gang der Darstellung

Die Darstellung ist wie folgt aufgebaut: Zuerst soll eine Klärung des Gegenstandsbereichs der ökonomischen Teildisziplin „Ökonomische Theorie des Rechts" und ihres Forschungsansatzes erfolgen. Es folgen begriffliche Klärungen in bezug auf die moderne Wirtschaftswissenschaft. Im Rahmen dieser „begrifflichen" Klärungen geht es allerdings im Kern um die Charakterisierung der modernen Wirtschaftswissenschaft; dabei wird bereits auf Parallelen zum Forschungsansatz der Rechtswissenschaft eingegangen. Im Anschluß daran wird die Vorgehensweise der „Ökonomischen Theorie des Rechts" in ausgewählten Anwendungsfeldern aufgezeigt und zwar in bezug auf die Theorie der Eigentumsrechte (property rights-Ansatz) sowie die ökonomische Theorie der Verfassung. Auf dieser sachlichen Grundlage wird die Problematik der Ausrichtung der ökonomischen Theorie des Rechts am Effizienzziel aufgegriffen, um dann zum Schluß auf die jeweilige Bedeutung der ökonomischen Theorie des Rechts für die Wirtschaftswissenschaft und die Rechtswissenschaft einzugehen.

---

[3] Vgl. *Posner* (1992) (jetzt in der 4. Auflage); zur Übersetzung: der Name der Aufsatzsammlung von *Assmann/Kirchner/Schanze* (Hrsg.) (1993).
[4] Vgl. *Eidenmüller* (1995), S. 41–57, allerdings mit der impliziten Annahme, daß *die* ökonomische Analyse des Rechts zwangsläufig mit dem Effizienzziel arbeiten würde.

II. Gegenstandsbereich und Forschungsansatz der ökonomischen Theorie des Rechts

1. Gegenstandsbereich

Die Ökononomische Theorie des Rechts stellt den Versuch dar, das Instrumentarium der Wirtschaftswissenschaft auf rechtliche Fragestellungen anzuwenden. Sie ist also *ökonomische Theorie*, aber eben nicht eine, die das Handeln auf Märkten zum Gegenstand hat[5]. Mit der Ausweitung ihres Gegenstandsbereichs auf „rechtliche Fragestellungen" hätte die Wirtschaftswissenschaft einen mit der Rechtswissenschaft teilweise identischen Gegenstandsbereich. Dies erscheint wenig sinnvoll, da aus der Perspektive der Wirtschaftswissenschaft nicht alle rechtlichen Fragestellungen gleichermaßen interessant sind. Die Perspektive der Wirtschaftswissenschaft ist eine sozialwissenschaftliche: es geht dabei um Aussagen über Wahlentscheidungen von Menschen (in Zukunft „Akteure" genannt) im sozialen Kontext[6]. Diese Wahlentscheidungen werden unter Kosten- und Nutzenaspekten getroffen. Rechtliche Regelungen stellen aus dieser Sichtweise zum einen *Restriktionen* dar; sie belegen bestimmte Aktivitäten mit Sanktionen (etwa in Form strafrechtlicher Normen, aber auch in Form zivilrechtlicher Haftungsregelungen)[7]. Zum anderen können rechtliche Regelungen *Anreize* schaffen, wie dies etwa beim Immaterialgüterrecht der Fall ist: die Möglichkeit, für eine „Erfindung" Patentschutz zu erhalten, wirkt als Anreiz für innovative Forschungsaktivitäten[8]. Die Begriffe „Restriktion" und „Anreiz" sind komplementär, da die Einräumung von Rechtspositionen (wie etwa die des Patents) für die anderen Akteure eine Begrenzung darstellt [Problem der Reziprozität]. Allgemein kann man sagen, daß rechtliche Regelungen (neben anderen sozialen Regelungen) das Handlungsfeld der Akteure bestimmen; *Änderungen rechtlicher Regelungen* schlagen sich also als Änderungen des Handlungsfelds nieder; folglich kann erwartet werden, daß dadurch die zu treffenden Wahlentscheidungen berührt werden. Aus dieser Sichtweise ist eine rechtliche Regelung ein Faktor, der für wirtschaftswissenschaftliche Aussagen relevant ist. Genau genommen sind es nicht rechtliche Regelungen als solche, die von Interesse sind, sondern Änderungen rechtlicher Regelungen.

Gegenstandsbereich der ökonomischen Theorie des Rechts sind also rechtliche Regelungen, sofern davon ausgegangen werden kann, daß sie das

---

[5] Zur Ausweitung des Gegenstandsbereichs der Wirtschaftswissenschaft über den Bereich marktlicher Entscheidungen hinaus insbesondere: *Bonus* (1994); *Hirshleifer* (1985); *Kirchgässner* (1988 b); *Robbins* (1935).

[6] Besonders deutlich bei *Frey* (1990 a).

[7] Vgl. *Kirchner* (1996), S. 71.

[8] *Kirchner* (1994 a), bes. S. 166 ff.

Handlungsfeld der Regelungsadressaten bestimmen. Die *tatsächliche Geltung* der rechtlichen Regelung ist somit ein Abgrenzungskriterium für den Gegenstandsbereich der ökonomischen Theorie des Rechts. Rechtliche Regelungen, die keine faktische Regelungswirkung haben, sind für die wirtschaftswissenschaftliche Perspektive uninteressant.

2. Forschungsansatz

Der *Forschungsansatz* der ökonomischen Theorie des Rechts ist derjenige der Wirtschaftswissenschaft. Es wird der Einfluß der Änderung einer unabhängigen Variablen – hier der Beschränkungen (Restriktionen) – auf eine abhängige Variable – Verhalten – untersucht[9]. Dazu ein Beispiel: Veränderung der Arbeitslosigkeit aufgrund einer Erhöhung des Preises für Arbeit. Ein zweites Beispiel: Veränderung der Kriminalitätsrate im Bereich der Eigentumsdelikte durch eine Verschärfung der angedrohten Sanktionen (Strafmaß). Ein drittes Beispiel: Veränderung der Umweltverschmutzung durch Verschärfung der zivilrechtlichen Haftung bei Umweltdelikten. Entscheidend ist, daß immer nur die Veränderung *einer* Variablen in Abhängigkeit von einer anderen Variablen untersucht wird (und untersucht werden kann). Es muß also davon ausgegangen werden, daß alle anderen Variablen im Beobachtungszeitraum konstant bleiben (rebus sic stantibus-Annahme). Da Wahlentscheidungen von Akteuren sowohl von Änderungen des Handlungsfeldes abhängen als auch von Änderungen der Präferenzen der betreffenden Akteure, lassen sich keine Aussagen über die Auswirkungen der Faktoren, die das Handlungsfeld begrenzen, machen, wenn gleichzeitig Veränderungen der Präferenzen stattfinden. Dies zwingt dazu, für den gewählten Beobachtungszeitraum von der Annahme auszugehen, daß die Präferenzen konstant bleiben. Der Ansatz der Wirtschaftswissenschaft läßt sich dann kurz wie folgt charakterisieren: Es wird gefragt, wie sich bei als konstant angenommenen Präferenzen, bestimmte abhängige Variable in Reaktion auf Veränderungen von unabhängigen Variablen ändern. Die Verknüpfung der Variablen erfolgt über Verhaltensänderungen der betroffenen Akteure.

Dieser so charakterisierte Forschungsansatz ist ein *positiver*, ein deskriptiv-analytischer. Es werden synthetisch-nomologische Aussagen produziert. Es geht darum, das Wissen über die soziale Welt zu verbessern. Dieses Wissen ist notwendiges Handlungswissen, wenn steuernd in das Sozialgefüge eingegriffen werden soll. Von daher ist Wirtschaftswissenschaft primär eine positive Wissenschaft, die erforderliches Handlungswissen (etwa für Wirtschaftspolitik) zur Verfügung stellt.

---

[9] *Blankart* (1994), S. 11.

Ökonomische Theorie des Rechts ließe sich dann als die positive Wissenschaft bezeichnen, die das erforderliche Handlungswissen zur Verfügung stellen soll, wenn es um intendierte Rechtsänderungen geht. Solche intendierten Rechtsänderungen können in Form der Gesetzgebung, der Kautelarjurisprudenz, der Schaffung neuen Fallrechts in einem Fallrechtssystem oder auch im Rahmen der Auslegung positiven Rechts erfolgen, sofern im konkreten Fall Rechtsfortbildung erfolgt.

Der positiven Sozialwissenschaft steht die *normative* [präskriptive] gegenüber. Bei letzterer geht es um die Gewinnung von Aussagen, welche Entscheidungsalternative unter mehreren zur Wahl stehenden präferiert werden soll. Die Wirtschaftswissenschaft wird vielfach – teils ohne daß dies überhaupt explizit gemacht wird – insofern als normative Sozialwissenschaft begriffen, als gesagt wird, es solle unter mehreren Entscheidungsalternativen jeweils diejenige gewählt werden, die zu einer *Verringerung der Ressourcenknappheit* führe. Man spricht in diesem Fall vom „ökonomischen Prinzip"[10]. Dieses Ziel wiederum kann erreicht werden, indem man eine gegebene Menge von Ressourcen so einsetzt, daß das Ergebnis maximiert wird, oder indem man den Ressourceneinsatz zur Herstellung eines gegebenen Ergebnisses minimiert. Die weitergehende normative Variante der Wirtschaftswissenschaft präzisiert das ökonomische Prinzip dahingehend, daß als Oberziel auf Allokationseffizienz abgestellt wird[11]. Darunter wird eine Anordnung der Ressourcen in einer Art und Weise verstanden, daß jede Änderung dieser Anordnung zu einer Minderung des Gesamtnutzens führt[12].

Ob eine der normativen Varianten des ökonomischen Forschungsansatzes auf die ökonomische Theorie des Rechts unbesehen übertragen werden sollte, ist umstritten, und zwar seit die Anwendung der ökonomischen Methode auf das Recht systematisch betrieben wird, also seit mehr als 30 Jahren[13].

---

[10] Vgl. *Streit* (1991), S. 3 f.

[11] Zur philosophischen Ableitung des Effizienzziels aus dem Utilitarismus: *Eidenmüller* (1995), S. 174; kritisch zum Stellenwert des Effizienzziels in der Ökonomik: *Richter/Furubotn* (1996), S. 488; zum Stellenwert des Effizienzziels und zu alternativen Zielsetzungen: *Schäfer/Ott* (1995), S. 5–9.

[12] Zur Pareto-Effizienz: *Schäfer/Ott* (1995), S. 24–28.

[13] Vgl. bereits die Kritik von *Polinsky* an *Posner*: *Polinsky* (1974/1993); aus der US-amerikanischen Literatur vgl. insbes.: *Armitage* (1985), bes. S. 19 f.; *Coleman* (1980); *Dworkin* (1980); *Kornhauser* (1980); *Markovits* (1980); *Horwitz* (1969); *Baker* (1975); zur deutschen Kritik insbes. *Horn* (1976); *Prisching* (1979); *Fezer* (1986); *Fezer* (1988); *Ott/Schäfer* (1988); *Kübler* (1990); *Schmidtchen* (1991); *Assmann/Kirchner/Schanze* (1993); *Eidenmüller* (1993); *Taupitz* (1996).

3. Zwischenergebnis

Zusammenfassend läßt sich bisher festhalten: Die ökonomische Theorie des Rechts kann als Anwendung des ökonomischen Forschungsansatzes für die Untersuchung solcher rechtlichen Regelungen verstanden werden, die aus dem Blickwinkel der Regelungsadressaten als Determinanten ihres Handlungsfeldes gesehen werden. Strittig ist die Anwendung normativer ökonomischer Forschungsansätze.

III. Begriffliche Klärungen

1. Gegenstandsbereich der Wirtschaftswissenschaft

Wenn es um die Anwendung des wirtschaftswissenschaftlichen Forschungsansatzes auf die Untersuchung rechtlicher Regelungen geht, muß geklärt werden, ob „Wirtschaftswissenschaft" ihrerseits durch ihren Gegenstand bestimmt wird, also etwa durch den Bereich der Wirtschaft als dem Teilausschnitt des sozialen Systems, indem es um Produktion, Verteilung und Konsumtion wirtschaftlicher Güter geht. Ist das nämlich der Fall, so wäre es im höchsten Maße fraglich, ob ein Forschungsansatz einer derart von ihrem Gegenstand her definierten Sozialwissenschaft auch zur Untersuchung solcher rechtlichen Regelungen in Betracht kommt, die ihrerseits nicht eben diesen Bereich der Wirtschaft betreffen. Anders ausgedrückt: Handelte es sich bei der Wirtschaftswissenschaft um eine auf den Bereich der Güterwirtschaft begrenzte Disziplin, so wäre die Anwendung des wirtschaftswissenschaftlichen Forschungsansatzes in Materien außerhalb des Wirtschaftsrechts ein recht fragwürdiges Unterfangen.

Die Wirtschaftswissenschaft hat im Laufe ihrer Entwicklung eine Verengung ihres Gegenstandsbereichs erfahren[14]. Ging es im „Reichtum der Nationen" von Adam Smith noch um die Ordnung der Gesellschaft als solcher, so erfolgte im Rahmen der sogenannten Neoklassik eine immer stärkere Einengung des Blickwinkels auf den güterwirtschaftlichen Bereich. Diese Verengung ging einher mit einer zunehmenden Exaktheit der Methode (Stichwort: die Wirtschaftswissenschaft als „Physik der Sozialwissenschaften"), die sich in einer immer innigeren Symbiose von Wirtschaftswissenschaft und Mathematik – heute der Spieltheorie – manifestierte. Zugleich wurden die Annahmen bei der Modellbildung immer restriktiver, so daß es immer problematischer wurde, die aus den Modellen gewonnenen Aussagen direkt für die Formulierung wirtschaftspolitischer Gestaltungsvorschläge zu verwenden[15].

---

[14] Vgl. *Albert* (1977); *Kirchner* (1988).

[15] Zur „sonderbaren Welt kostenloser Transaktionen": *Richter/Furubotn* (1996), S. 9–12.

Die Gegenbewegung zu dieser Entwicklung in Richtung auf mehr Präzision unter Inkaufnahme der Einengung des Gegenstandsbereichs und der
zunehmenden Abstraktheit der gewonnenen Aussagen setzte in mehreren
Schüben ein: Der Institutionalismus der dreißiger Jahre erwies sich als in-
teressante, aber wenig erfolgreiche Entwicklung, da mit der Ausweitung des
Gegenstandsbereichs, nämlich der Untersuchung institutioneller Faktoren,
zugleich das methodische Instrumentarium der Neoklassik über Bord ge-
worfen wurde[16]. Dies war anders in der Disziplin der „new institutional
economics", auch „neo-institutionalist approach" genannt, die seit Beginn
der sechziger Jahren in verschiedenen Strömungen entwickelt wurde und
immer mehr an Boden gewann[17]. Ausgangspunkte waren, um nur einige
zu nennen, die neue Regulierungstheorie[18], der property-rights-Ansatz
(Theorie der Eigentumsrechte)[19], die ökonomische Vertragstheorie[20], die
neue Theorie der Unternehmung mit der Agency-Theorie als wichtigstem
Baustein[21], die Neue Politische Ökonomie (new political economy, public
choice)[22], die ökonomische Theorie der Verfassung (constitutional economics)[23]. Den genannten einzelnen Ansätzen ist gemeinsam, daß sie
methodisch auf dem Fundament der Neoklassik aufbauen, aber deren Annahmen teils modifizieren, teils aufgeben; insbesondere wird die Annahme
der vollständigen Information fallengelassen[24]. Der Gegenstandsbereich
der Disziplin expandiert; es sind nicht mehr allein Märkte, die den Gegenstandsbereich der Disziplin bilden, sondern Allokationsentscheidungen in
anderen institutionellen Rahmen, wie etwa in politischen Entscheidungs-
prozessen und in Bürokratien[25]. Neben Märkte werden also „Nichtmärkte"

---

[16] Vgl. zur Gegenüberstellung zwischen altem und neuem Institutionalismus: *Hutchison* (1984); zum „alten" Institutionalismus: *Commons* (1931); *Feldmann* (1995), S. 27–33;
Richter/Furubotn (1996), S. 38–41.

[17] *Richter/Furubotn* (1996), S. 33–38; vgl. auch die Aufsatzsammlung: *Furubotn/Rich-
ter* (Hrsg.) (1991); *Richter* (1990); *Richter* (1994); *Feldmann* (1995).

[18] Vgl. etwa *Peltzman* (1976); *Stigler* (1971/1975); *Weizsäcker* (1982).

[19] *Alchian/Demsetz* (1973); *Coase* (1960/1993); *De Alessi* (1980); *Demsetz* (1964);
Demsetz (1967); *Furubotn/Pejovich* (1972); *Furubotn/Pejovich* (1974); *Gäfgen* (1984);
Hesse (1980); *Meyer* (1983); *Neumann* (Hrsg.) (1984); *Pejovich* (1990); *Richter/Furubotn*
(1996), S. 79–133; *Schmidtchen* (1983); *Schüller* (Hrsg.) (1983).

[20] *Hart/Holmström* (1987); *Richter/Furubotn* (1996), S. 135–285.

[21] Vgl. *Arrow* (1985); *Elschen* (1991); *Pratt/Zweckhauser* (Hrsg.) (1985); *Richter/
Furubotn* (1996), S. 163–171.

[22] Vgl. *Bernholz* (1982); *Bernholz/Breyer* (1993); *Bernholz/Breyer* (1994); *Boettcher*
(1983); *Downs* (1968); *Frey* (1977); *Frey* (1990 b); *Mueller* (1979); *Mueller* (1991); *Pom-
merehne/Frey* (Hrsg.) (1979); *Streit* (1991).

[23] Vgl. *Brennan/Buchanan* (1985); *Buchanan* (1990); *Buchanan/Tullock* (1962);
Eschenburg (1977); *Feldmann* (1995), S. 64–60; *Leschke* (1993).

[24] Vgl. für viele: *Richter/Furubotn* (1996), S. 4; *Feldmann* (1995), S. 45.

[25] Vgl. neben den in Fn. 5 genannten Autoren insbes. *Becker* (1976/82); *Becker* (1993);
Frey (1990 a); *Kirchgässner* (1988 a); *Mack* (1994); *Schäfer/Wehrt* (Hrsg.) (1989).

(non markets) gestellt. Generalisierend läßt sich sagen, daß – losgelöst vom marktlichen, güterwirtschaftlichen Bereich – eine allgemeine Theorie sozialer Wahlhandlungen entwickelt wird (social choice). Die Verbindungslinie zur traditionellen Wirtschaftswissenschaft, der Ökonomie, ist der – bereits skizzierte – Forschungsansatz. Aus der Ökonomie wird die *Ökonomik* (im Englischen hingegen gab es schon immer die deutliche Unterscheidung zwischen „economy" und „economics"). In dem Maße, in dem die Ökonomik die traditionellen Forschungsfelder verläßt, wird sie von anderen Sozialwissenschaften als Konkurrenz empfunden; Ökonomen selbst bezeichnen ihre Disziplin – in einer nicht zu unterschätzenden Selbstüberheblichkeit – als die „imperiale Wissenschaft" (imperial science) unter den Sozialwissenschaften[26].

2. *Ökonomisches Paradigma*

(1) Vorüberlegungen

Wird der ökonomische Forschungsansatz auf Phänomene außerhalb des Markts (non-market phenomena) angewendet, entfällt die Möglichkeit, die Disziplin von ihrem Gegenstandsbereich her zu definieren. Dann muß sehr genau geklärt werden, worin dann das Spezifische dieses Forschungsansatzes besteht. Das Charakteristische des ökonomischen Ansatzes ist das sogenannte *ökonomische Paradigma*, ein Satz von Annahmen und die Entscheidung für den methodologischen Individualismus. Es wird dabei mit folgenden Annahmen gearbeitet: [1] Ressourcenknappheit, [2] Eigennutztheorem, [3] Rationalverhalten[27].

(2) Ressourcenknappheit

Die Annahme der Ressourcenknappheit betrifft das Verhältnis der Gesamtheit der Ressourcen, die den Menschen zur Bedürfnisbefriedigung zur Verfügung stehen, zur Gesamtheit der Ressourcen, die erforderlich wären, die Gesamtheit der Bedürfnisse zu befriedigen. Dabei handelt es sich bei Ressourcen keineswegs nur um wirtschaftliche Güter im traditionellen Sinne. Hier geht es etwa auch um die existierende Rechtsordnung, um Know-How, das nicht zur Erzeugung von wirtschaftlichen Gütern eingesetzt wird. Bedürfnisse sind Vorstellungen der Akteure, gerichtet auf zukünftige Situationen. Bedürfnisse sind damit immer subjektiv. Sie können sich im Laufe der Zeit ändern, anwachsen oder auch schrumpfen.

---

[26] Vgl. für viele: *Adams* (1984); *Brenner* (1980); *Nutter* (1979); *Radnitzky, G. / Bernholz, P.* (Hrsg.) (1987).
[27] Vgl. *Kirchner* (1988); *Richter/Furubotn* (1996), S. 2–5.

Die Annahme der Ressourcenknappheit bedeutet, daß in bezug auf die Bedürfnisbefriedigung menschliche Wahlhandlungen erforderlich sind, da Ressourcen eben nicht unbeschränkt zur Verfügung stehen. Die Annahme der Ressourcenknappheit ist die Grundlage für den methodischen Ansatz der Ökonomik als Wissenschaft von den sozialen Wahlhandlungen. Daher leitet sich auch die Bedeutung des Wortes „Wirtschaftens" als des Umgangs mit knappen Ressourcen ab.

(3) Eigennutztheorem

Das *Eigennutztheorem* besagt, daß von der Annahme ausgegangen wird, daß die Akteure im Zweifel von mehreren Entscheidungsalternativen diejenige wählen, die aus der Sicht der Mehrung des eigenen Nutzens die vorzugswürdige ist. Damit wird keine Aussage getroffen, ob Menschen generell egoistisch oder altruistisch handeln. Altruistisches Handeln kann sehr wohl, weil es der Präferenz des betreffenden Akteurs für „gute Werke" entspricht, am Eigennutz orientiert sein. Das Eigennutztheorem ist insofern nicht moralisch aufgeladen, als es lediglich besagt, daß die Akteure ihren Präferenzen entsprechend handeln. Es ist auch nicht gesagt, daß eigennutzorientierte Individuen sich anderen Akteuren gegenüber freundlich oder feindlich verhalten; deshalb kann der Terminus „eigennutzorientiert" nicht mit „wölfisch" im Sinne von „homo homini lupus" übersetzt werden. Das Eigennutztheorem bezieht sich nicht auf das einzelne Individuum, sondern besagt etwas darüber, wie sich Gruppen von Individuen verhalten. Insofern kann das Eigennutztheorem auch dann verwendet werden, wenn nachweislich einzelne Individuen sich nicht an diesem Prinzip ausrichten. Eine empirische Fundierung des Eigennutztheorems ist nicht erforderlich, da es sich um eine *heuristische* Annahme handelt, also eine Annahme, die unter dem Aspekt zu beurteilen ist, ob prognosefähige Aussagen resultieren.

(4) Rationalverhalten

Strittigster Punkt des ökonomischen Paradigmas ist die Annahme des *Rationalverhaltens*. Sie bezieht sich nicht auf das einzelne Individuum, auch nicht auf den durchschnittlichen Akteur; es handelt sich um eine heuristische Annahme; es wird die These aufgestellt, daß bei der Verwendung der Annahme des Rationalverhaltens prognosefähige Aussagen über den Zusammenhang zwischen der Änderung bestimmter Variablen und den resultierenden Verhaltensänderungen von Gruppen von Akteuren gemacht werden können. Ein Beispiel: Beim Sinken des Preises für EDV-Anlagen werden mehr Akteure eine solche erwerben als dies bei konstanten Preisen der Fall wäre. Ein zweites Beispiel: Bei einer Verschärfung der Sachmängelgewährleistung werden Verkäufer mehr Mittel für die Qualitätskontrolle einsetzen.

Die Annahme des Rationalverhaltens ist nicht zu verwechseln mit Aussagen darüber, ob bestimmte Zustände oder Resultate als „rational" eingeschätzt werden. Auch besagt die Annahme nichts darüber, ob die Entscheidung, die auf der Grundlage der Rationalitätsannahme getroffen worden ist, „richtig" ist. Indem die moderne Ökonomik nämlich die Annahme vollständiger Information aufgegeben hat[28], muß sie davon ausgehen, daß Entscheidungen unter Unsicherheit getroffen werden und daß Beschaffung und Verarbeitung zusätzlicher Informationen mit Kosten verbunden sind. Folglich sind dann „rationale Entscheidungen" nicht an objektiven Kriterien meßbar; sie sind rational aus der Sicht des handelnden Akteurs. Man spricht in diesem Kontext auch von *eingeschränkter Rationalität* (bounded rationality)[29].

Einwände gegen das Arbeiten mit der Rationalitätsannahme kommen heute insbesondere von Psychologen, die in Experimenten nachweisen können, daß Menschen in bestimmten Situationen nachweislich inkonsistent werten und daß sie in diesen Situationen keineswegs „rationale Nutzenmaximierer" im Sinne der klassischen Rationalitätsannahme der Wirtschaftswissenschaft sind[30]. Diese Einwände sind ernst zu nehmen, berühren den heuristischen Wert der Annahme des Rationalverhaltens aber nur am Rande[31]; sie zwingen dazu, in Situationen, in denen die erwähnten Irregularitäten auftreten, differenziertere Annahmen als die einfache Rationalitätsannahme heranzuziehen.

Für eine positive Sozialwissenschaft ist der Nutzen der Verwendung der Rationalitätsannahme schon unter Hinweis auf ihren vergleichsweise hohen heuristischen Wert zu begründen. Probleme könnten aber dann auftreten, wenn es um *normative* Aussagen geht. Gerade dieser Aspekt interessiert hier; wird nämlich das ökonomische Instrumentarium auf rechtliche Fragestellungen angewendet, dann können sehr wohl normative Aspekte ins Spiel kommen. Da es nun nicht mehr allein um prognosefähige Aussagen geht, könnte man argumentieren, daß eine heuristisch begründete Rationalitätsannahme im normativen Kontext nicht am Platze sei.

Das Problem stellt sich dann wie folgt: Wird Rationalverhalten vorausgesetzt, handelt aber ein Adressat einer Regelung, deren Änderung vorgeschlagen wird, nicht „rational", so könnte damit das eigentliche Regelungsziel verfehlt werden. Ist das aber der Fall, so ist auch eine normative Aussage, daß die vorgeschlagene Regelung anderen alternativen Vorschlägen überlegen sei, nicht haltbar.

---

[28] Vgl. *Richter/Furubotn* (1996), S. 4.
[29] Vgl. *Simon* (1957); *Simon* (1976); *Simon* (1978); *Richter/Furubotn* (1996), S. 4.
[30] Vgl. zu dieser Diskussion: *Kahnemann* (1994); *Kahnemann/Tversky* (1979); *Tversky/Kahnemann* (1991); *Kirchgässner* (1991), *Kirchgässner* (1993); *Mack* (1994); *Kirchner* (1994 b).
[31] Vgl. *Kirchner* (1994 b).

Dazu ein Beispiel: Wird angenommen, daß Verbrecher insofern rational handeln, als sie die angedrohten strafrechtlichen Sanktionen (multipliziert mit der Wahrscheinlichkeit der tatsächlichen Anwendung der Sanktion) bei der Tatplanung in Rechnung stellen, so würde ein Vorschlag, die Sanktionen zu erhöhen, um die Zahl der betreffenden Verbrechen zu senken, ins Leere laufen, wenn alle oder die Mehrzahl der Verbrecher dieses Kalkül nicht aufstellen würden. Die erste Schlußfolgerung wäre dann, daß die genannte normative Aussage – nämlich Vorzugswürdigkeit dieses Vorschlags zur Verbrechensbekämpfung – bei gleichzeitiger Verwendung der Rationalitätsannahme nicht haltbar wäre. Die daraus zu ziehende zweite Schlußfolgerung wäre dann, daß es wenig sinnvoll erscheint, bei der Diskussion solcher normativer Aussagen die Rationalitätsannahme zu verwenden.

Diese doppelte Schlußfolgerung ist aber keineswegs zwingend: Die Hypothese, daß die Nichtbeachtung erhöhter Sanktionen beim Tatentschluß, zwangsläufig „irrational" sei, beruht auf einer unpräzisen Fassung der Rationalitätsannahme. Diese betrifft ja die Aussage, daß bei gegebenen Präferenzen und sich verändernden Restriktionen – hier die Verschärfung der strafrechtlichen Sanktionen – die Änderung des Handlungsfelds zu Verhaltensänderungen führen wird. Also kann etwa die Tatsache, daß keine Änderung zu beobachten ist, darauf zurückzuführen sein, daß die gegebenen Präferenzen so ausgeprägt sind, daß Änderungen im Handlungsfeld nicht ins Gewicht fallen. Zurück zum Beispiel: Ist bei bestimmten Gruppen von Verbrechern die Präferenz für den erwarteten Vorteil aus einer bestimmten Straftat besonders stark, tritt der negative Aspekt, nämlich der negative Nutzen (die erwartete Sanktion, multipliziert mit der Wahrscheinlichkeit ihrer Verhängung) zurück. Stellt man zudem in Rechnung, daß wir es mit sogenannter eingeschränkter Rationalität zu tun haben und daß sowohl Präferenzen als auch Erwartungen subjektiv sind, so wird deutlich, daß das beobachtete Verhalten im Untersuchungsfall keineswegs mit der Rationalitätsannahme im Widerspruch stehen muß. Das Beispiel macht aber Folgendes klar: Sollen mit Hilfe der positiven Analyse Prognosen aufgestellt werden, so müssen neben der Rationalitätsannahme auch Annahmen bezüglich der für die untersuchte Gruppe von Akteuren spezifischen Präferenzordnung verwendet werden. Das Problem sogenannter Rationalitätsfallen und eines sogenannten irrationalen Verhaltens ist damit in der Mehrzahl der Fälle in der unpräzisen Strukturierung der Analyse begründet. Im Beispiel würde die normative Aussage betroffen werden: Eine Sanktionsverschärfung wird beim gegebenen Verhältnis von Präferenzen und wahrgenommenen Änderungen des Handlungsfelds nicht zu einem signifikanten Rückgang der betreffenden Straftaten führen. Folglich ergibt die Analyse, daß nach anderen Instrumenten zur Senkung der Verbrechensrate zu suchen ist. Das Beispiel macht deutlich, daß auch im Rahmen von normativen Aussagen an der Rationalitätsannahme insofern festzuhalten ist, als

normative Aussagen als Teilelement auch Aussagen über Wirkungs-
zusammenhänge enthalten, die ihrerseits der positiven Analyse zugänglich
sind. Der Trugschluß, Rationalitätsannahme und normative Aussagen im
Recht seien inkompatibel, beruht auf einer unzureichenden Klärung des
Wirkungszusammenhangs von rechtlichen Regelungen, hier im Beispiel
solchen des Strafrechts. Führen die Modifikationen dieser Regelungen zu
Änderungen von Restriktionen und damit des Handlungsfelds der Akteure,
sind Aussagen der positiven Sozialwissenschaft, welche Verhaltensänderungen zu erwarten sind, unabdingbar. Setzt man hingegen nicht auf die
Änderung von Restriktionen, sondern auf eine Änderung der Präferenzen
(dies entspricht eher einem moraltheologischen Ansatz[32]), so ist auch hier
kein Grund ersichtlich, nicht an der Rationalitätsannahme festzuhalten.
Allerdings wäre in diesem Fall die Präferenzordnung die unabhängige
Variable und die Verhaltensänderung die abhängige Variable (bei gleich-
bleibenden Restriktionen). Für diese Problemkonstellation gibt es allerdings
dings keine brauchbaren Analysemethoden der Ökonomik, da – wie gesagt
– dieser Ansatz ja von der Konstanz der Präferenzen ausgeht und sich für
die Auswirkungen von Restriktionsänderungen interessiert.

Ein letzter Einwand gegen die Rationalitätsannahme sei hier erwähnt:
Eine Wertentscheidung in Form der Präferierung einer Alternative gegenüber einer anderen aufgrund der unterschiedlichen Konsequenzen für
den Entscheidenden, setzt voraus, daß dann, wenn die Resultate der jeweiligen Entscheidungen in der Zukunft liegen und nicht mit Sicherheit bestimmt werden können, *Prognosen* erforderlich sind, um die jeweiligen
Resultate zu bestimmen. Es wird also vorausgesetzt, daß die Regelungsadressaten mit Blick auf die Folgen der Rechtsänderungen entscheiden.
Eben dieser Aspekt geht nun in die ökonomische Untersuchung der
Rechtsänderung ein. Dies entspricht dem Ansatz des sogenannten Konsequentialismus, demzufolge Entscheidungen unter Berücksichtigung der
Folgen dieser Entscheidungen getroffen werden[33]. Werden nun aber
Normänderungen vorgeschlagen, unabhängig von den erwarteten Verhaltensänderungen, nämlich wegen des intrinsischen Wertes der Normen, so
dürften hier die erwarteten Verhaltensänderungen, für die eine Prognose erforderlich ist, entbehrlich sein. Daraus könnte nun wiederum der Schluß
gezogen werden, daß für solche normativen Vorschläge die Rationalitätsannahme schlicht entbehrlich ist. Nun läßt sich aber die These aufstellen, daß Vorschläge für Rechtsänderungen, die von den Folgen dieser
Rechtsänderungen abstrahieren, nicht sehr realistisch sind. Jedenfalls ver-
liert eine solche Position zwangsläufig dann an Boden, wenn man normative Entscheidungen unter Rekurs auf die individuellen Entscheidungen der

---

[32] Vgl. zur Diskussion des „Paternalismus": *Eidenmüller* (1995), S. 358–389.
[33] Vgl. zum Konsequentialismus: *Schäfer/Ott* (1995), S. 2.

einzelnen Akteure legitimiert (normativer Individualismus) und zugleich davon ausgeht, daß eben diese Akteure in ihr Kalkül die Entscheidungsfolgen mit einbeziehen werden. Die Entscheidung für den Konsequentialismus ist folglich keine Frage der Richtigkeit einer philosophischen Position, sondern ist rückgekoppelt an die These, daß individuelle Akteure zumindest einen Großteil ihrer Entscheidungen unter *Mit*berücksichtigung der mit der Entscheidung verbundenen Folgen treffen werden. Diese Hypothese ist – wie erwähnt – dann von Bedeutung, wenn normative Kollektiventscheidungen durch den Konsens der beteiligten individuellen Akteure legitimiert werden.

Folgendes Beispiel möge diese sehr abstrakte Ableitung erhellen: Nachdem die Zahl nicht aufgedeckter Kartellabsprachen zugenommen hat, wird überlegt, ob es zweckmäßig ist, das Kartellverbot mit einer strafrechtlichen Sanktion zu belegen. Die erforderliche Aussage der positiven Wissenschaft betrifft das Problem, ob und wie durch Einführung strafrechtlicher Sanktionen eine tatsächliche Änderung in bezug auf Kartellabsprachen bewirkt wird. Hierbei spricht nichts gegen die Verwendung der Rationalitätsannahme. Folglich liegt der Schluß nahe, daß erhöhte angedrohte Sanktionen die betreffenden Aktivitäten mit höheren Kosten belegen und die Akteure deshalb häufiger als bisher diese Aktivitäten meiden werden. Allerdings ist in Rechnung zu stellen, daß sich mit dem Übergang von Sanktionen des Ordnungswidrigkeitenrechts zu solchen des Strafrechts nicht nur die Höhe der Sanktion ändert, sondern zugleich auch die erwartete Wahrscheinlichkeit der tatsächlichen Durchsetzung der Sanktion. Vor diesem Hintergrund sind Aussagen zu den tatsächlich erwarteten Wirkungen von Rechtsänderungen zu machen. Das normative Problem betrifft dann die Frage, ob diejenige Regelungsalternative gewählt wird, die einen höheren „Erfolg" verspricht, oder ob man unabhängig vom erreichten Erfolg etwa die moralische Komponente (die Signalisierung eines höheren Unrechtsgehalts der Tat bei Einstufung als Straftatbestand und nicht nur als Ordnungswidrigkeit) zu einem zusätzlichen Entscheidungskriterium macht. Es ist vorstellbar, daß die Einbeziehung dieses zweiten Kriteriums allgemein zustimmungsfähig ist und so legitimiert werden kann. Das sagt dann aber nichts über die Effektivität (als Maßstab des Grades der Zielerreichung bei vorgegebenem Ziel und unterschiedlichen Instrumenten) der gewählten Maßnahme aus. Die Rationalitätsannahme kann, unabhängig davon, wie die Entscheidung nun ausfällt, durchgehalten werden. Der Vorwurf, daß eine Entscheidung für die „ineffektive" Lösung nicht rational sei, ist nicht aufrechtzuerhalten. Denn es geht bei der Wertungskomponente um die Präferenzsysteme der Akteure; diese sind gegeben und können auch dann nicht als „irrational" eingestuft werden, wenn Ergebnisse resultieren, die in einer vorgegebenen Zweck-Mittel-Relation als ineffektiv erscheinen.

Damit läßt sich zur Rationalitätsannahme zusammenfassen: Die Annahme rationalen Verhaltens der Akteure ist anderen bisher vorgeschlagenen alternativen Annahmen in bezug auf ihren heuristischen Wert überlegen. Es wird keine Aussage darüber gemacht, ob ein bestimmter Akteur in einer bestimmten Situation rational entscheidet. Die Rationalitätsannahme gilt lediglich unter der Annahme unvollkommener Information und der Existenz von Informationsbeschaffungs- und -verarbeitungskosten. Ob die Rationalitätsannahme durch eine differenziertere Annahme zu ersetzen ist, kann nur für den betreffenden Einzelfall entschieden werden. Auch im Rahmen normativer Aussagen ist die Verwendung der Rationalitätsannahme deshalb geboten, da auch normative Aussagen auf positiven Aussagen beruhen, wenn die Berücksichtigung der Folgen der zu treffenden Entscheidungen in das Entscheidungskalkül eingeht (Konsequentialismus). Die Rationalitätsannahme in normativen Aussagen bedeutet nicht, daß von den Akteuren zweck-rationales Verhalten in dem Sinne gefordert wird, daß sie sich für die „effektive" Variante zu entscheiden haben. in bezug auf die gegebenen Präferenzordnungen der Akteure sind Aussagen bezüglich ihrer „Rationalität" nicht statthaft. Kommt sogenanntes „irrationales" Verhalten ins Spiel, indem Diskrepanzen zwischen den (unterstellten) Präferenzordnungen von Akteuren aufgedeckt werden, gibt es keinen Grund, die Rationalitätsannahme vorschnell aufzugeben; statt dessen ist auf der Grundlage einer Analyse der Entscheidungsstruktur der betreffenden Akteure zu prüfen, ob sich angesichts spezifischer Präferenzen und Erwartungshaltungen die in Frage stehenden Entscheidungen als rationale Entscheidungen begreifen lassen, so daß dann Prognosen aufgrund der Rationalitätsannahme in Verbindung mit Annahmen zur Präferenzstruktur der betreffenden Akteure gemacht werden können.

Die Diskussion der Rationalitätsannahme als Teil des ökonomischen Paradigmas hat gezeigt, daß das Problem verkürzt und damit verfälscht wird, wenn lediglich gefragt wird, ob das „Menschenbild der Ökonomie" auf den homo oeconomicus fixiert sei[34]. Es geht nicht um ein Menschenbild, es geht um den heuristischen Wert der Annahmen einer Realwissenschaft.

(5) Methodologischer Individualismus

Der methodologische Individualismus ist das Fundament der modernen Ökonomik[35]. Danach sind die handelnden Akteure jeweils die Individuen; kollektive Entscheidungen kommen dann zustande durch Zusammenwirken individueller Akteure. Diese scheinbar einfache Annahme hat weit-

---

[34] Vgl. so aber *Fezer* (1986).
[35] Vgl. *Behrens* (1986), S. 34 ff.; *Richter/Furubotn* (1996), S. 3; *Schäfer/Ott* (1995), S. 50.

reichende Konsequenzen: Es kann dann nämlich nur Präferenzen und Interessen von individuellen Akteuren geben, hingegen nicht von Kollektiven (wie etwa Staaten oder Unternehmen).

Der methodologische Individualismus ist das notwendige Fundament für eine Sozialwissenschaft, die – wie die Ökonomik – von der Unterscheidung zwischen Bedürfnissen und Präferenzen auf der einen und Restriktionen und Anreizen auf der anderen Seite ausgeht. Veränderungen dieser Restriktionen und Anreize – also Veränderungen des Handlungsfelds – führen bei den einzelnen Akteuren zu Änderungen in ihrem Entscheidungsverhalten. Es sind diese Änderungen, die dann aggregiert zu Änderungen von Makrogrößen – wie etwa Arbeitslosenrate, Inflationsrate etc. – führen. Die Makroanalyse ist also mikroökonomisch fundiert.

Der methodologische Individualismus ist insofern für die ökonomische Theorie des Rechts von besonderem Interesse, als er einen Brückenschlag vom ökonomischen zum rechtswissenschaftlichen Forschungsansatz erlaubt. Werden aus ökonomischer Perspektive rechtliche Regelungen als Determinanten des Handlungsfeldes der individuellen Akteure begriffen, so können die Auswirkungen von Rechtsänderungen dergestalt untersucht werden, daß Hypothesen bezüglich der Wirkungsweise dieser Änderungen aufgestellt und getestet werden. Die Qualität dieser Hypothesen hängt dann davon ab, ob es gelingt, realitätsnahe Überlegungen in bezug auf die Wirkung einer Rechtsänderung bei einer Gruppe von Akteuren zu machen.

Aus rechtswissenschaftlicher Perspektive ist hier die für die gerichtliche Entscheidungspraxis nicht unumstrittene *Rechtsfolgenanalyse* angesprochen[36]; dabei geht es aber eben nicht um die tatsächliche Folge im zu untersuchenden Einzelfall, sondern um die Folge in bezug auf die Gesamtheit der gleichgelagerten Fälle. Hier wird die Janusköpfigkeit der gerichtlichen Entscheidungspraxis – jedenfalls der obergerichtlichen – angesprochen: Die Interpretation rechtlicher Regelungen im Einzelfall wirkt gleichsam nach rückwärts gerichtet für die Streitentscheidung der betroffenen Parteien; gleichzeitig wirkt sie nach vorne gerichtet als Präzisierung der interpretierten Norm für künftige Normadressaten. Dies ist die *quasilegislatorische Komponente* obergerichtlicher Entscheidungen. Eine Rechtsfolgenanalyse, die sich des ökonomischen Instrumentariums bedient, kann damit Aussagen bezüglich der zu erwartenden Auswirkung des quasilegislatorischen Aktes machen. Es wird eine Hypothese bezüglich der bewirkten tatsächlichen Rechtsänderung aufgestellt. Wird diese Hypothese nun ihrerseits im Rahmen des Interpretationsvorgangs als – eines unter mehreren – Entscheidungskriterien verwendet (Konsequentialismus), so wird der ökonomische

---

[36] Vgl. etwa *Wälde* (1979); *Coles* (1991); *Eidenmüller* (1995), S. 397–413; *Deckert* (1995).

Ansatz in den rechtswissenschaftlichen integriert[37]. Diese Integration ist allerdings nur dann möglich, wenn Ökonomik und Rechtswissenschaft gleichermaßen auf dem methodologischen Individualismus aufbauen.

(6) Normativer Individualismus

Nicht zu verwechseln mit dem methodologischen Individualismus ist der sogenannte *normative Individualismus*[38]. Dieser Position zufolge wird die (normative) Aussage gemacht, daß Wertentscheidungen letztlich nur durch den Rekurs auf Wertentscheidungen individueller Akteure legitimierbar sind. Es werden neben diesen individuellen Wertentscheidungen keine anderen akzeptiert.

Dieser normative Individualismus ist nicht notwendiger Teil des ökonomischen Paradigmas. Er steht im Widerspruch zu utilitaristischen Ansätzen in der Ökonomik[39]. Er ist aber Bestandteil derjenigen modernen ökonomischen Ansätze, die eine Legitimation von Kollektiventscheidungen über den Gesellschaftsvertrag anstreben, also insbesondere die Neue Politische Ökonomie (public choice) und die ökonomische Theorie der Verfassung (constitutional economics)[40]. Die moderne Diskussion um die normative Rechtfertigung von Kollektiventscheidungen durch Rekurs auf die Zustimmung seitens der Regelungsadressaten unterscheidet zwischen dem vertragstheoretischen und dem konsenstheoretischen Paradigma[41]. Während das vertragstheoretische Paradigma auf den *tatsächlichen* Konsens der Regelungsadressaten abstellt und damit zwangsläufig auf das Einstimmigkeitsprinzip als Legitimationskriterium abstellen muß, kann das konsenstheoretische Paradigma nach der *Zustimmungsfähigkeit* von Kollektiventscheidungen fragen und Ableitungszusammenhänge zwischen den aus einer Kollektiventscheidung zu erwartenden Kooperationsvorteilen und der Zustimmungsfähigkeit in bezug auf die betreffende Kollektiventscheidung aufstellen[42].

Schlägt man auch hier die Brücke zum rechtswissenschaftlichen Forschungsansatz, so wird der Konflikt zwischen dem normativen Individualismus und naturrechtlichen Ansätzen[43] deutlich. Werden nur individuelle Wertentscheidungen akzeptiert, so lassen sich Wertentscheidungen

---

[37] Vgl. schon *Kirchner/Koch* (1989).
[38] Vgl. *Homann* (1980), S. 70 f.; *Pies* (1993), S. 163 f.; *Mack* (1994), S. 91–101; *Homann/Kirchner* (1995 a), S. 197.
[39] Vgl. *Todt* (1991); Kritik von *Kirchner* (1991 b).
[40] Vgl. Nachweise in Fn. 38.
[41] Vgl. *Homann/Kirchner* (1995 a), S. 203; *Mack* (1994), S. 84; *Pies* (1993), S. 130–138; *Homann* (1997).
[42] Vgl. *Homann/Kirchner* (1995 a), S. 203.
[43] Vgl. etwa *Kaufmann/Hassemer* (1971), insbes. S. 18 ff.

eben nicht naturrechtlich begründen. Es gibt aus der Sichtweise des normativen Individualismus keine Instanz neben oder über den individuellen Akteuren. Diese – sicher radikale – Position korreliert auf rechtswissenschaftlicher Seite nun aber nicht mit positivistischen Positionen; denn es geht ja nicht um die Legitimation einer Einzelfallentscheidung durch Rekurs auf die real gegebene Normpyramide, sondern um den darüber hinausgreifenden Rekurs auf den gesellschaftsvertraglichen Konsens[44]. Dem normativen Individualismus entsprechen also nicht positivistische Positionen, sondern demokratietheoretische und legitimationstheoretische.

Wird also auf seiten einer normativen Ökonomik auf den normativen Individualismus abgestellt, so ergeben sich Konflikte mit solchen rechtlichen Wertungen, die allein naturrechtlich begründet sind, die sich also nicht mit Hilfe des konsenstheoretischen Paradigmas begründen lassen.

IV. Ausgewählte Anwendungsfelder der Ökonomischen Theorie des Rechts

1. Theorie der Eigentumsrechte (property rights-Ansatz)

Die Theorie der Eigentumsrechte – entwickelt in ihren Anfängen von Ronald Coase[45] – wird vielfach als die Wurzel der ökonomischen Theorie des Rechts gesehen. Dabei war es Coase in seinem Artikel „The Problem of Social Costs" in erster Linie um die Widerlegung der Grundannahmen der Pigouschen Wohlfahrtsökonomik gegangen: Der These, daß ein Auseinanderklaffen des privaten und des sozialen Optimums dadurch verhindert werden könnte, daß negative externe Effekte vom Verursacher zu internalisieren seien (durch die sogenannte Pigou-Steuer), stellte Coase entgegen, daß die negativen externen Effekte nur richtig erfaßt werden können, wenn man die Reziprozität des Problems in Rechnung stelle[46]. Kommt es zu konfligierenden Ressourcennutzungen (etwa bezüglich der Nutzung von Nachbargrundstücken), so ist nicht danach zu fragen, welcher Akteur der „Störer" ist, sondern danach, welche Neuzuteilung von Eigentumsrechten zu einer Lösung führe, die den Gesamtnutzen (beider Akteure) maximiert. In einer Welt, in der solche Einigungen, die eben diese Neuzuteilung von Eigentumsrechten vornehmen, kostenlos sind, wäre die ursprüngliche Zuteilung der Eigentumsrechte irrelevant; das Optimum würde sich gleichsam automatisch einstellen.

Aus dieser in der Grundstruktur recht einfachen Aussage, die immerhin als nobelpreiswürdig erachtet worden ist, ist eine Fülle von Schlußfolge-

---

[44] *Homann/Kirchner* (1995 a), S. 203.
[45] Vgl. *Coase* (1960/1993); *Coase* (1984); *Coase* (1988).
[46] Vgl. *Coase* (1960/1993), S. 162.

rungen gezogen worden, die zum Teil aber die Grundaussage deutlich verfehlen, etwa wenn argumentiert wird, daß die Primärzuweisung von Eigentumsrechten irrelevant sei, da bei Transaktionskosten von Null sich das Optimum von selbst herstellen würde. Es ist nie behauptet worden, daß es keine Transaktionskosten gäbe.

Hier seien nur sehr skizzenhaft diejenigen Schlußfolgerungen aufgelistet, die für die rechtliche Argumentation besonders relevant sind:

- Die klare Definition von Eigentumsrechten senkt Transaktionskosten bei Verhandlungen für Sekundärzuweisungen, so daß aus gesamtwirtschaftlicher Perspektive derartige Präzisierungen zu Wohlfahrtssteigerungen führen werden.
- Bei rechtlichen Lösungen im Bereich von Eigentumsstörungen ist immer in Rechnung zu stellen, daß solche Störungen entweder durch Aktivitäten der einen oder solche der anderen Seite behoben werden können; die Forderung der vollen Kosteninternalisierung (etwa so vertreten im Umweltrecht) kann nicht auf die These gestützt werden, daß dies automatisch die volkswirtschaftlich günstigere Lösung sei.
- Die mangelnde Spezifizierung von Eigentumsrechten kann dazu führen, daß Aktivitäten, die aus gesamtwirtschaftlicher Perspektive lohnend erscheinen, unterbleiben oder daß das Aktivitätsniveau zu gering ist.
- Die Ausgestaltung des Rechts kann zu Transaktionskostensenkungen führen, insbesondere bezüglich der Normierung von Rechtsänderungen in Eigentümerpositionen. Entscheidend ist aber nicht die Minimierung von Transaktionskosten, sondern die Minimierung der Gesamtkosten.

Zwei Beispiele, die helfen sollen, diese sehr abstrakten Aussagen auf eine konkretere Ebene zu stellen:

(1) Wird der Fischbestand der freien See als „freies Gut" betrachtet, so daß es jedermann freisteht, ohne Mengenbegrenzungen zu fischen, so hat jedermann ein Interesse an einer Maximierung der Fangmenge ohne Berücksichtigung der Regeneration des Fischbestandes[47]. Werden quantifizierte Fangrechte vergeben und können die einzelnen Fischer für diese Fangrechte in Form einer Auktion bieten, so wird derjenige, der den Erlös dieser Auktionen im Auge hat, dafür sorgen, daß die Regeneration der Fischbestände in Rechnung gestellt wird, da ansonsten die Auktionserlöse sehr bald stark sinken werden, also der diskontierte Barwert der Auktionserlöse suboptimal ist.

---

[47] *Christie* (1975); *Munro* (1982).

(2) Wird die Übertragung von Grundstücken dergestalt erleichtert, daß eine Eintragung des Rechtsübergangs in ein öffentliches Register konstitutiv für die Rechtsänderung ist, und gelten die Eintragungen dieses Registers in bezug auf gutgläubige Dritte als „wahr", auch wenn sie nicht den Tatsachen entsprechen, so werden durch dieses institutionelle Arrangement Transaktionskosten (Informations- und Suchkosten potentieller Interessenten, die sich aus dem öffentlichen Register schneller und kostengünstiger informieren können als dies anders möglich wäre) gespart. Die Investition der Gesellschaft in die Schaffung der rechtlichen Regelungen in bezug auf das öffentliche Register sowie die Einrichtung dieses Registers produziert ein öffentliches Gut, das zu Kostensenkungen in bezug auf die dann erfolgenden einzelnen Transaktionen führt.

Damit wird eine sehr gut greifbare Konsequenz der ökonomischen Theorie der Eigentumsrechte deutlich: Die Schaffung solcher Rechte und die Regelung der Transaktionen in bezug auf diese Rechte produziert ein öffentliches Gut; es ist anzunehmen, daß dadurch volkswirtschaftliche Einsparungen erzielt werden können. Solche Regelungen erscheinen deshalb als zustimmungsfähig und somit legitimierbar.

2. Ökonomische Theorie der Verfassung

Läßt sich Ökonomik als eine vom Gegenstandsbereich der Güterwirtschaft losgelöste allgemeine Sozialwissenschaft begreifen, die auf alle Klassen von gesellschaftlichen Kollektiventscheidungen Anwendung finden kann, sind auch Fragen der Verfassungsgebung und -interpretation mögliches Anwendungsfeld der ökonomischen Theorie des Rechts. Die Entwicklung in der modernen Wirtschaftswissenschaft hat sich dieser Fragestellung auf zwei unterschiedlichen Wegen genähert:

(1) Nachdem die Tatsache ins Blickfeld geraten war, daß Allokationsentscheidungen keineswegs nur in Form von Markttransaktionen stattfinden, sondern auch in Form von Transaktionen in anderen institutionellen Arrangements (politische Entscheidungen, Bürokratie, Verbände etc.), war der Weg für eine „Neue Politische Ökonomie" bereitet, die von daher auch als Nichtmarktökonomie bezeichnet werden kann[48]. Es ging nicht mehr um Entscheidungen auf Märkten (market choices), sondern um Entscheidungen in öffentlichen Institutionen (public choices). Von daher stellt sich die Frage, wie die verfassungsrechtliche Ordnung der Gesellschaft ökonomisch untersucht werden kann und ob aus einer normativen ökonomischen Perspektive sich Gestaltungsvorschläge machen lassen. Die Unterscheidung verschiedener institutioneller Arrangements zwischen

---

[48] Vgl. die Nachweise in Fn. 22.

„privaten" und „öffentlichen" ist nun aber keineswegs eine besonders scharfe, so daß es sich anbietet, allgemein auf den Institutionenbegriff abzustellen und die Entstehung, Funktionsweise und die Änderungen von Institutionen zu untersuchen. Dabei kann unter einer Institution ein System von formalen und informellen Regeln gesehen werden, das sich aus Sicht der Regelungsadressaten als eine relevante Determinante des Handlungsfeldes darstellt (z. B. Privateigentum, zivilrechtliche Haftung, etc.)[49]. Damit läßt sich ein ökonomischer Problemzugang zur Fragestellung der Verfassung als institutionenökonomischer begreifen.

(2) Der andere Problemzugang hebt auf den Verfassungsvertrag ab und knüpft insofern an die modernen Gesellschaftsvertragstheorien an[50]. Es wird dann entweder im Sinne der positiven Sozialwissenschaft gefragt, welche Verfassung sich eine bestimmte Gruppe bei gegebenen Präferenzen und Restriktionen (z. B. bezüglich der Verfügbarkeit von Ressourcen) geben wird; oder es wird im Sinne der normativen Sozialwissenschaft gefragt, ob aus legitimationstheoretischer Perspektive bestimmte Vorschläge zur Verfassungsgebung oder -änderung gemacht werden könnten[51].

Als Beispiel für die Argumentationsweise dieses zweiten Ansatzes möge die Frage der Kompetenzzuweisung in vertikal strukturierten Ordnungen, etwa in einem Bundesstaat, einem Staatenbund oder einer Staatenunion herangezogen werden. Geht es etwa darum, in einer europäischen Verfassung für die Europäische Union eine Kompetenzverteilung zwischen Unions- und Mitgliedstaatenebene zu entwerfen und zu begründen, so ist – wählt man das ökonomische Paradigma – Ausgangspunkt nicht das Interesse der Staaten, sondern es sind die Präferenzen der Bürger der Mitgliedstaaten der Union[52]. Es ist dann zu fragen, wie sich aus dieser Interessenposition eine Kompetenzzuordnung darstellt, die sowohl das Problem unterschiedlicher Kosten bei der Erzeugung öffentlicher Güter (mögliche Effizienzvorteile bei Verlagerung von Kompetenz nach oben) als auch das Problem sich ändernder Kontrollkosten (nämlich bezüglich der Ausübung demokratischer Kontrolle seitens der Bürger über ihre Vertreter) einzubeziehen hat[53]. Aus dieser Perspektive wird dann etwa deutlich, daß es nicht allein um eine einmalige Entscheidung der „richtigen" Kompetenzzuordnung geht, sondern um die simultan zu beantwortende Frage nach einem geeigneten Verfahren, das sicherstellen soll, daß sich die jeweiligen Präferenzen und Präferenzunterschiede der Bürger in der jeweiligen Kompetenzzuordnung widerspiegeln. Es geht dann auch darum, daß ein

---

[49] Vgl. *Schmoller* (1900), S. 61; *Richter/Furubotn* (1996), S. 7.
[50] Vgl. *Rawls* (1971/72); *Homann/Kirchner* (1995 a); *Homann* (1997).
[51] Vgl. die Nachweise in Fn. 23.
[52] Zu diesem Gedankengang: *Homann/Kirchner* (1995 b), S. 58 ff.
[53] *Homann/Kirchner* (1995 b), S. 61 f.; vgl. auch *Kirchner/Schwartze* (1995).

Wettbewerb der Jurisdiktionen (Wettbewerb der Systeme) aus legitimationstheoretischer Perspektive Vorteile bringen kann[54]. Aus einer solchen konstitutionenökonomischen Diskussion können dann sowohl Gestaltungsvorschläge für eine künftige europäische Verfassung entspringen als auch eine Kritik am gegenwärtigen föderalen System in der Bundesrepublik Deutschland. Die normative Variante der ökonomischen Theorie des Rechts erweist sich dann als „kritische Folie" bei der Analyse gegebener Verfassungen.

V. Problematik der Ausrichtung der ökonomischen Theorie am Effizienzziel

Normative ökonomische Ansätze können dergestalt entwickelt werden, daß ein *Oberziel* definiert wird, etwa die „Überwindung der Ressourcenknappheit", die „Allokationseffizienz" oder ähnliche Ziele. Oder es wird auch auf normativer Ebene ein individualistischer Ansatz gewählt, so daß nicht generell ein Oberziel zu definieren ist, sondern lediglich der Satz aufgestellt wird, daß normative Entscheidungen auf die Entscheidungen der individuellen Akteure zurückzuführen sein müssen, also durch diese individuellen Wahlentscheidungen *legitimiert* werden (normativer Individualismus[55]; Legitimationsansatz). Dabei kann bezüglich der Legitimation entweder auf das vertragstheoretische oder das konsenstheoretische Paradigma zurückgegriffen werden.

Die erste Vorgehensweise entspricht dem Selbstverständnis der traditionellen Ökonomik, die das Problem der Ressourcenknappheit zu überwinden trachtete, und hat ihre theoretische Fundierung in der *Wohlfahrtsökonomik*[56]. Die zweite Vorgehensweise läßt sich explizit als kritische Gegenposition zur Wohlfahrtsökonomik begreifen. Sie ist insofern ein ökonomischer Ansatz, als sie mit dem ökonomischen Paradigma und mit dem Kostenkalkül arbeitet.

Die Problematik einer Ausrichtung der ökonomischen Theorie des Rechts am Effizienzziel ist eine doppelte. Aus rechtswissenschaftlicher Perspektive wird meist nur das Problem eines möglichen Konflikts zwischen dem Effizienzziel und davon divergierender Ziele des Rechts bzw. bestimmter Regelungsmaterien gesehen[57]. Das ist zwar im Grunde zutreffend; allerdings wird hier nur eine Seite des Problems erfaßt. Denn wenn mit Hilfe einer Effizienzanalyse nachgewiesen werden kann, daß die Entschei-

---

[54] Vgl. *Koop/Siebert* (1993 a); *Koop/Siebert* (1993 b); *Prosi* (1991); *Sinn* (1990); *Streit* (1995); *Streit/Mussler* (1995).

[55] Vgl. die Nachweise in Fn. 38.

[56] Vgl. insbes. *Pigou* (1920).

[57] Vgl. so der Ansatz bei *Schäfer/Ott* (1995), S. 5–9.

dung für eine bestimmte Regelungsalternative zu einem ungünstigeren Verhältnis von Ressourcenverwendung und Ertrag führt als andere zur Verfügung stehende Regelungsalternativen, so sind diese Kosten jedenfalls – neben anderen Überlegungen – auch in Rechnung zu stellen. Allein der Hinweis auf die unterschiedlichen Zielkategorien ist also nicht ausreichend, um die völlige Bedeutungslosigkeit der Effizienzanalyse für die rechtliche Regelungsproblematik zu begründen. Außerdem gibt es eine Reihe von Fällen, in denen rechtlich vorgegebene Zielsetzungen ihrerseits am ökonomischen Prinzip ausgerichtet sind, so daß hier normative Effizienzanalysen Verwendung finden können.

Das alles betrifft aber nur eines von zwei Problemen. Das andere betrifft die Diskussion, ob aus der Sichtweise der Ökonomik die Verwendung des Effizienzziels überhaupt sinnvoll ist oder nicht[58]. Auf die Alternative zwischen einer wohlfahrtsökonomischen Effizienzorientierung und einer vertrags- oder konsenstheoretischen Legitimationsorientierung ist bereits hingewiesen worden. Man kann gegen wohlfahrtsökonomische Ansätze einwenden, daß sie auf die Allokationseffizienz fixiert seien, die Verteilungsproblematik aber ausblendeten. Das ist dann möglich und legitim, wenn man Allokationseffizienz anhand des Pareto-Optimums definiert, nämlich als einen Zustand, indem die Nutzensituation keines Akteurs verbessert werden kann, ohne zugleich die zumindest eines anderen zu verschlechtern. Dieses Pareto-Optimum ist nun aber keineswegs gleichzusetzen mit einem wünschbaren Gesellschaftszustand, denn dieses Optimum bezieht sich auf die jeweils gegebene Ausgangsverteilung. So ist es durchaus vorstellbar, daß sich bei je unterschiedlichen Ausgangsverteilungen sehr unterschiedliche Optima ergeben. So ließe sich der Vorschlag, die Wirtschaftsverfassung einer oligarchischen Diktatur zu ändern, unter Hinweis auf das Pareto-Optimum zurückweisen, da eine solche Änderung automatisch zur Folge hätte, daß sich einige Akteure danach schlechter stehen würden. Einen Ausweg aus dieser – bekannten – Sackgasse der Ausrichtung am Pareto-Optimum scheint das Kaldor-Hicks-Theorem zu bieten[59]: Danach werden solche Änderungen wohlfahrtssteigernd angesehen, bei denen aus den Gewinnen der bessergestellten Akteure die Verluste der Verlierer kompensiert werden können. Damit scheint die Unzulänglichkeit des Arbeitens mit dem Pareto-Optimum behoben zu sein. Allerdings tauchen zwei neue Probleme auf, ob nämlich intersubjektive Nutzenvergleiche statthaft sind oder nicht, und ob denn tatsächlich ein Zustand dann als wohlfahrtsökonomisch präferabel eingestuft werden soll, wenn die Kompensationen der Verlierer nicht auch tatsächlich erfolgen. Schließlich ist Ausgangspunkt auch für das Kaldor-Hicks-Theorem die jeweilige Ausgangsverteilung. Das Ergebnis ist

---

[58] Vgl. *Richter/Furubotn* (1996), S. 488.
[59] Vgl. *Schäfer/Ott* (1995), S. 29–35.

ernüchternd: Die Bestimmung eines Effizienzziels, das gleichsam als objektiver Maßstab für die Beurteilung von Rechtsänderungen zur Verfügung stände, erweist sich als fragwürdiges Unterfangen. Schließlich wird das Arbeiten mit einem wohlfahrtsökonomischen Effizienzziel dann grundsätzlich angreifbar, wenn die Annahme vollkommener Information aufgegeben wird[60], da es nunmehr prinzipiell nicht mehr um einen statischen, sondern um einen dynamischen Effizienzbegriff zu gehen hätte[61]. Ist man bereit, diesen Schritt zuzugestehen, bietet das Arbeiten mit dem Effizienzziel kein hinlängliches Fundament für eine normative Ökonomik[62].

Zieht man daraus den Schluß, daß eine Ausrichtung der ökonomischen Theorie des Rechts am Effizienzziel nicht sinnvoll ist, so löst das zwar den potentiellen Konflikt zwischen der Rechtswissenschaft und der Ökonomik auf der normativen Ebene. Zugleich stellt sich dann aber die Frage, ob dies zugleich den Abschied vom ökonomischen Paradigma bedeutet oder nicht. Dies ist nicht der Fall. Es wurde hier klargestellt, daß die am Effizienzziel ausgerichtete normative Variante der Ökonomik gleichsam ein Konkurrenzprodukt zu einer auf dem normativen Individualismus basierenden ökonomischen Theorie, die mit dem Konsensparadigma arbeitet, darstellt. Nun stellt dieser konsenstheoretische Ansatz auf die Entscheidungen der individuellen Akteure ab. Soweit diese Akteure Kostenüberlegungen in ihr Kalkül einbeziehen[63], gehen Kostenüberlegungen in die ökonomische Theorie ein. Soweit keine konkreten Anhaltspunkte für von der Norm abweichende Präferenzordnungen vorliegen, wird man bei der Annahme eigennutzorientierten Rationalverhaltens unterstellen können, daß die betroffenen Akteure diejenige Regelungsvariante vorziehen werden, bei deren Realisation sie sich einen größeren Nutzen im Vergleich zu anderen Alternativen erwarten. Dazu muß nun aber nicht das Effizienzziel bemüht werden; statt dessen kann auf die komparativen Nutzenerwartungen der betroffenen Akteure abgestellt werden.

Nun stehen allerdings der konsenstheoretische und Effizienzansatz keineswegs so unversöhnlich und unverbunden im Raume, wie dies scheinen mag: Vom konsenstheoretischen Ansatz läßt sich eine Brücke zum Effizienzansatz schlagen: Geht man davon aus, daß Individuen die handelnden Akteure sind (methodologischer Individualismus) und daß sie sich dann auf eine institutionelle Änderung einigen können, wenn ihnen daraus ein Kooperationsvorteil erwächst (Annahme eigennutzorientierten Verhaltens), so werden solche Lösungen, die nach dem Kaldor-Hicks-Kriterium wohlfahrtssteigernd sind, dann zustimmungsfähig sein, wenn die möglichen

---

[60] Vgl. Hinweis auf *Richter/Furubotn* (1996), S. 4.
[61] *Richter/Furubotn* (1996), S. 4.
[62] *Richter/Furubotn* (1996), S. 488.
[63] Vgl. zur Diskussion des Konsequentialismus Text bei Fn. 33.

Kompensationen durchgeführt werden. Die Legitimation der betreffenden Lösung ist dem konsenstheoretischen Ansatz zufolge allerdings nicht die objektiv festgestellte Wohlfahrtsmehrung, sondern die Freiheit der Entscheidung der einzelnen Akteure. Insofern bleiben unter Legitimationsaspekten der konsenstheoretische und der Effizienzansatz deutlich geschieden.

Die Entscheidung für einen konsenstheoretischen Ansatz und die Zurückweisung des Effizienzansatzes zwingt zu einer Veränderung in einer normativen ökonomischen Diskussion rechtlicher Regelungsprobleme: Folgt man dem Effizienzansatz, so gilt es, objektiv festzustellen, welche Regelungsalternative unter Effizienzgesichtspunkten vorzugswürdig erscheint, um diese dann als die „überlegene" Lösung vorzuschlagen. Ein konsenstheoretischer Ansatz müßte genauer nach der Zustimmungsfähigkeit von Regelungsvorschlägen fragen und dabei in Rechnung stellen, daß die Akteure dabei je ihren eigenen Nutzen in Rechnung stellen, so daß sich komparative Nutzenerwägungen in der Argumentation niederschlagen. Der Vorteil des konsenstheoretischen Ansatzes liegt dann darin, daß sehr genau auf die Präferenzen – und damit auch auf mögliche Präferenzänderungen im Zeitablauf – abgestellt werden kann. Im Gegensatz zum Effizienzansatz geht es dann nicht um den statischen Vergleich von Zuständen (Stichwort: komparativ-statische Methode der neoklassischen Ökonomik), sondern um die Beurteilung sowohl von Zuständen als auch von Prozessen. Stellt man in Rechnung, daß die Akteure nur über unvollständige Information verfügen, so haben ihre Prognosen bezüglich erwarteter Nutzensteigerungen nur den Charakter von Hypothesen; stützen sich normative Aussagen auf solche erwartete Nutzensteigerungen, so haben auch diese nur vorläufigen Charakter. Damit wird das Abstellen auf Gleichgewichtszustände prinzipiell zweifelhaft und die Perspektive verschiebt sich zugunsten einer versuchten Optimierung von Prozessen.

VI. Bedeutung der ökonomischen Theorie des Rechts für die Ökonomik und die Rechtswissenschaft

1. Ökonomik

Die ökonomische Theorie des Rechts läßt sich – wie anfangs betont – als ökonomische Subdisziplin begreifen. Änderungen rechtlicher Regelungen sind nichtmarktliche Transaktionen, so daß es aus der Sicht der Ökonomik schlicht um die Ausweitung ihres Gegenstandsbereichs handelt. Allerdings ist die ökonomische Theorie des Rechts für die Ökonomik aus zwei Gründen eine nicht einfache Disziplin: Geht es um Änderungen der Restriktionen, unter denen die Akteure handeln, so werden diese sowohl durch formale rechtliche Regelungen als auch durch sogenannte informelle Regelungen bestimmt. Untersucht man also nur den Effekt von Rechtsänderungen, ist dies nur unter der ceteris-paribus-Annahme möglich, daß sich nicht gleichzeitig die informellen Regelungen ändern. Bestehen aber Wechselwirkungen zwischen der Änderung rechtlicher Regelungen und informeller Regelungen, so läßt sich eine solche ceteris-paribus-Annahme nicht durchhalten. Dies mag Analysen in der Praxis erschweren. Schlimmer wäre es, wenn dieses Problem gar nicht erkannt wird. Dazu ein Beispiel: Wird durch die Verrechtlichung eines Lebensbereichs zugleich das zuvor funktionsfähige System informeller Regelungen zerstört, so lassen sich mit Hilfe einer ökonomischen Theorie des Rechts keine sinnvollen Aussagen zu den durch die Rechtsänderungen bewirkten Änderungen machen. Eine Erweiterung zur institutionenökonomischen Analyse ist erforderlich.

Die zweite Gefahr droht der ökonomischen Theorie des Rechts aus Sicht der Ökonomik durch die Komplexität der rechtlichen Regelungszusammenhänge unter Einschluß des Normdurchsetzungsproblems. Wird angesichts dieser Komplexität Zuflucht zu vereinfachenden Modellannahmen genommen, so wird dadurch bei einer positiven Analyse der Wert der Prognosekraft der gewonnenen Aussagen berührt, bei normativen Analysen der Wert der unterbreiteten Vorschläge. In der Praxis bedeutet dies für die ökonomische Theorie des Rechts die Gefahr der Abkoppelung von einer mit einem ausgefeilten mathematischen und spieltheoretischen Instrumentarium arbeitenden neoklassischen Ökonomik, die sich auf Markttransaktionen konzentriert; denn es wird entweder die Komplexität in Untersuchungen der ökonomischen Theorie des Rechts adäquat erfaßt; dann leidet die Ästhetik und Eleganz der Modelle; oder dieser Komplexität wird nicht hinreichend Rechnung getragen; dann wird der Wert der gewonnenen Ergebnisse berührt. Das Fazit für die Ökonomik: Die ökonomische Theorie des Rechts wird in absehbarer Zeit über keine zentrale Position in der Wirtschaftswissenschaft einnehmen. Ihr Los wird verbessert, wenn sie selbst zum Bestandteil anderer ökonomischer Subdisziplinen wird, etwa in bezug auf die Finanzwissenschaft, die Steuerlehre, die Rechnungslegungstheorie, die Wettbewerbstheorie, die Regulierungstheorie etc. Oder sie muß sich in offener Konkurrenz zur Neoklassik als Alternative präsentieren, dies dann wohl aber nicht im Gewand der ökonomischen Theorie des Rechts, sondern im Kleide der Neuen Institutionenökonomik.

2. Rechtswissenschaft

Der Beitrag der ökonomischen Theorie des Rechts, den diese für die Rechtswissenschaft leisten kann, hängt von den Sollbruchstellen zwischen dieser ökonomischen Subdisziplin und der Methodik der Rechtswissenschaft ab. Begreift sich die Rechtswissenschaft als eine hermeneutische Wissenschaft, die Textinterpretation unter dem Aspekt der Herstellung von

Gerechtigkeit anstrebt, bleibt der ökonomischen Theorie nur insofern ein Nieschendasein, als sie als Hilfswissenschaft fungieren kann, um Auskunft über das Regelungssubstrat zu geben[64]. Allerdings sollte selbst in dieser Perpektive der Rechtswissenschaft als hermeneutischer Disziplin die Bedeutung der ökonomischen Theorie des Rechts nicht vorschnell unterbewertet werden. Nimmt man Hermeneutik ernst und fragt nach dem Sinn von Normen und Normmaterien, so erschließen sich von daher die *wirtschaftsrechtlichen* Materien sehr gut einem ökonomischen Zugriff. Verallgemeinernd läßt sich sagen, daß überall dort, wo es um Allokation knapper Ressourcen geht (Ressourcen im weiten Sinn) über den Sinnaspekt die ökonomische Fragestellung ins Spiel gebracht werden kann. Dabei steht – wie nachgewiesen worden ist – weder das Eigennutztheorem noch die Rationalitätsannahme im Wege.

Begreift man die Rechtswissenschaft als eine Entscheidungswissenschaft, die Kriterien für diese Entscheidungen zu entwickeln und zu begründen hat, so erweist sich die positive ökonomische Theorie des Rechts als notwendiger Bestandteil der Argumentation, soweit man bereit ist, einen konsequentialistischen Ansatz zuzulassen. Als Beispiel möge eine Entscheidung eines höchstinstanzlichen Gerichtes, etwa des Bundesgerichtshofes in Zivilsachen, dienen. Zu denken wäre an das GmbH-Konzernrecht. Impliziert die Auslegung auch Rechtsfortbildung, so kann dies als eine Wahlentscheidung gesehen werden: Das Gericht hat unter mehreren möglichen Entscheidungsalternativen auch unter dem Aspekt zu urteilen, daß die gewählte Alternative sich für künftige Regelungsadressaten als rechtliche Regelung darstellt. Also hat das Gericht die verschiedenen Entscheidungsalternativen bezüglich ihrer Regelungsqualität zu vergleichen. Hierzu bedarf es einer realwissenschaftlichen Anleitung; Handlungswissen ist – wie dargestellt – notwendiger Bestandteil der normativen Entscheidung. Aber es geht nicht allein um die Prognose bezüglich der verallgemeinerten Folgen der konkreten Entscheidung als künftige Rechtsnorm. Eine normative ökonomische Theorie des Rechts, die statt des Effizienzparadigmas den konsenstheoretischen Ansatz verwendet, kann zugleich Aufschlüsse über die Vorzugswürdigkeit alternativer Entscheidungsvarianten geben. Argumentationen, die heute Bestandteil einer guten Dogmatik sind und die auf die Konsistenz des Regelungssystems im Prozeß seiner Veränderung durch Interpretation der Regelungen gerichtet sind, können, sofern sie auf den Zweck von Normen und Normmaterien abstellen, verfeinert und erhärtet werden, wenn die ökonomische Theorie des Rechts in die Dogmatik integriert wird.

Derartige Integrationsversuche können am praktischen Problem getestet werden; insbesondere das privatrechtliche Wirtschaftsrecht ist hier eine

---

[64] Vgl. *Coing* (1964); *Kirchner* (1988).

unerschöpfliche Fundgrube. Aber es wäre interessant, die ökonomische Theorie des Rechts nicht allein auf dieser Ebene in die Rechtswissenschaft hereinzunehmen. Eigentlich ist die Auseinandersetzung auf der *rechtstheoretischen* Ebene von Belang. Denn hier werden die Weichen für die Problemlösungszugänge auf der Ebene der Anwendung gestellt. Wie eine derartige Entwicklung von Rechtstheorie unter Einschluß der ökonomischen Theorie des Rechts aussehen könnte, kann hier nur skizziert werden: Sieht man die zentrale Fragestellung der Entwicklung des Rechts im Wechselspiel zwischen demokratisch-legitimiertem Gesetzgeber und der Rechtsprechung, so geht es um die Lösung des Problems der Asymmetrie der Legitimation der rechtsfortbildenden Instanzen. Eine Legitimation der richterlichen Rechtsfortbildung ist auf verschiedenen Wegen versucht worden; Stichworte sind hier „Legitimation durch Verfahren", „Korrekturmöglichkeiten der Legislative in bezug auf inkompatible Rechtsfortbildungen durch Richterrecht" etc. Hinter all diesen Legitimationskrücken für die richterliche Rechtsfortbildung steht aber das *Problem der abgeleiteten Legitimation des Richterrechts* durch Rekurs auf den Zweck der Norm, der Normmaterie, des Gesetzes[65]. Dadurch daß es Gerichte, die dies in Form der Anwendung teleologischer Interpretationsmethoden tun, in der Hand haben, selbst den Zweck zu definieren und dann festzustellen, ob durch die gewählte Interpretation diesem Zweck entsprochen werde, droht sich die Legitimation im tautologischen Zirkel zu verflüchtigen. Dies ist schwer erträglich. Will man hier einen tragfähigen rechtstheoretischen Ansatz entwickeln, liegt es nahe, auf eine Kooperation mit der ökonomischen Theorie des Rechts zu setzen, die ihrerseits in ihrer normativen Variante – sofern sie sich nicht auf das Effizienzparadigma stützt – auf dem konsenstheoretischen Ansatz aufbaut. Dann bildet ein – individualistischer – Legitimationsansatz das gemeinsame Fundament der Rechtstheorie und der ökonomischen Theorie des Rechts. Die Fragestellungen der Rechtstheorie werden damit präziser; die Anforderungen an die Interpretation lassen sich genauer fassen. Die Rückkoppelungsprozesse zwischen Legislative und Judikative sind dann das zentrale Problem eines theoretischen Ansatzes, der dreierlei miteinander verbindet: die Erfahrung einer zweitausendjährigen Rechtstheorie und Praxis, die Präzision des methodischen Instrumentariums der Ökonomik und das gemeinsame Fundament einer Legitimationstheorie, wie sie sich im konsenstheoretischen Ansatz auf dem Fundament moderner Gesellschaftsvertragstheorien herauskristalliert. Es folgt: Richtig verstanden und angewandt kann ökonomische Theorie des Rechts zu einem wesentlichen Baustein einer neuen Rechtstheorie werden.

---

[65] Vgl. *Kirchner* (1991 a).

32

Literatur

Adams, M. (1984), Ist die Ökonomie eine imperialistische Wissenschaft? – Über Nutz und Frommen der ökonomischen Analyse des Rechts, Jura 6, S. 337–349

Albert, H. (1977), Individuelles Handeln und soziale Steuerung. Die ökonomische Tradition und ihr Erkenntnisprogramm, in: Lenk, H. (Hrsg.), Handlungstheorien interdisziplinär. Bd. IV: Sozialwissenschaftliche Handlungstheorien und spezielle systemwissenschaftliche Ansätze, München, S. 177–255

Alchian, A. A. / Demsetz, H. (1973), The Property Rights Paradigm, Journal of Economic History 33, S. 16–27

Armitage, Th. C. (1985), Economic Efficiency as a Legal Norm, in: Research in Law and Economics, Vol. 7, S. 1–27

Arrow, K. J. (1985), The Economics of Agency, in: Pratt, J. W. / Zweckhauser, R. J. (Hrsg.), Principals and Agents: The Structure of Business, Boston

Assmann, H.-D. / Kirchner, Ch. / Schanze, E. (1993), Einleitung zur Neubearbeitung 1992, in: Assmann, H.-D. / Kirchner, Ch. / Schanze, E. (Hrsg.), Ökonomische Analyse des Rechts, Neuauflage, Tübingen, S. IX–XVI

Assmann, H.-D. / Kirchner, Ch. / Schanze, E. (Hrsg.) (1993) , Ökonomische Analyse des Rechts, Neuauflage, Tübingen

Baker, E. (1975), The Ideology of the Economic Analysis of Law, Philosophy and Public Affairs 5, S. 3–48

Becker, G. S. (1976/1982), Der ökonomische Ansatz zur Erklärung menschlichen Verhaltens, übersetzt von M. und V. Vanberg, Tübingen

Becker, G. S. (1993): Nobel Lecture: The Economic Way of Looking at Behavior, in: Journal of Political Economy 101, S. 385–409

Behrens, P. (1986), Die ökonomischen Grundlagen des Rechts – Politische Ökonomie als rationale Jurisprudenz, Tübingen

Bernholz, P. (1982), Die Entwicklung der Neuen Politischen Ökonomie und ihre Probleme als Teil der Sozialwissenschaften, Jahrbuch für Neue Politische Ökonomie, Bd. 1, S. 1–10

Bernholz, P. / Breyer, F. (1993), Grundlagen der politischen Ökonomie, Bd. 1: Theorie der Wirtschaftssysteme, 3. Aufl., Tübingen

Bernholz, P. / Breyer, F. (1994), Grundlagen der politischen Ökonomie, Bd. 2: Ökonomische Theorie der Politik, 3. Aufl., Tübingen

Binmore, K. (1994), Game Theory and the Social Contract 1: Playing Fair, Cambridge, Mass.

Blankart, Ch. B. (1994), Öffentliche Finanzen in der Demokratie, 2. Aufl., München

Boettcher, E. (1983), Der Neue Institutionalismus als Teil der Lehre der Neuen Politischen Ökonomie, Jahrbuch für Neue Politische Ökonomie, Bd. 2, S. 1–15

Bonus, H. (1994), Nationalökonomie auf neuen Wegen, in: Jäger, W. (Hrsg.), Neue Wege der Nationalökonomie. Gesellschaft zur Förderung der Westfälischen Wilhelms-Universität zu Münster, Heft 75, Münster, S. 14–48

Brennan, G. / Buchanan, J. M. (1985), The Reason of Rules – Constitutional Political Economy, Cambridge, England

Brenner, R. (1980), Economics – An Imperial Science?, Journal of Legal Studies 9, S. 179–188

Buchanan, J. M. (1990), The Domain of Constitutional Economics, Constitutional Political Economy 1, S. 1–18

Buchanan, J. M. / Tullock, G. (1962), The Calculus of Consent. Logical Foundations of Constitutional Democracy, Ann Arbor

Christy Jr., F. T. (1975), Property Rights in the World Ocean, Natural Resources Journal 15, S. 695–712

Coase, R. H. (1960/1993), The Problem of Social Cost, Journal of Law and Economics 3, S. 1–44; deutsche Übersetzung in: Assmann, H.-D. / Kirchner, Ch. / Schanze, E. (Hrsg.) (1993), Ökonomische Analyse des Rechts, 2. Aufl., Tübingen, S. 129–183

Coase, R. H. (1984), The New Institutional Economics, Zeitschrift für die gesamte Staatswissenschaft / Journal of Institutional and Theoretical Economics 140, S. 229–231

Coase, R. H. (1988), The Firm, the Market and the Law, Chicago

Coing, H. (1964), Wirtschaftswissenschaften und Rechtswissenschaften, in: Raiser, L. / Sauermann, H. / Schneider, H. (1964) (Hrsg.), Das Verhältnis der Wirtschaftswissenschaft zur Rechtswissenschaft, Soziologie und Statistik, Schriften des Vereins für Socialpolitik, N. F. Bd. 33, Berlin, S. 1 ff.

Coleman, J. L. (1980), Efficiency, Utility, and Wealth Maximization, Hofstra Law Review 8, S. 509–551

Coles, C. (1991), Folgenorientierung im richterlichen Entscheidungsprozeß: ein interdisziplinärer Ansatz, Frankfurt a. M. u. a.

Commons, J. R. (1931), Institutional Economics, American Economic Review 21, S. 648–657

De Alessi, L. (1980), The Economics of Property Rights: A Review of the Evidence, American Economic Review 73, S. 64–81

Deckert, M. R. (1995), Folgenorientierung in der Rechtsanwendung

Demsetz, H. (1964), The Exchange and Enforcement of Property Rights, Journal of Law and Economics 4, S. 11–26; wieder abgedruckt in: Manne, H. G. (1975) (Hrsg.), The Economics of Legal Relationships, St. Paul, Minn., S. 362–377

Demsetz, H. (1967), Toward a Theory of Property Rights, American Economic Review, Paper and Proceedings 57, S. 347–359; wieder abgedruckt in: Furubotn, E. / Pejovich, S. (1974) (Hrsg.), The Economics of Property Rights, Cambridge/Mass., S. 31–42

Downs, A. (1968), Ökonomische Theorie der Demokratie, Tübingen (amerikanische Originalausgabe: An Economic Theory of Democracy, New York, 1957)

Dworkin, R. (1980), Why Efficiency?, Hofstra Law Review 8, S. 563–590

Eidenmüller, H. (1993), Ökonomische Effizienzkonzepte in der Rechtsanwendung, in: Jahrbuch Junger Zivilrechtswissenschaftler 1992, Rechtsfortbildung jenseits klassischer Methodik. Privatautonomie zwischen Status und Kontrakt. Privatrecht und Europa 1992, Stuttgart u. a., S. 11–28

Eidenmüller, H. (1995), Effizienz als Rechtsprinzip, Möglichkeiten und Grenzen der ökonomischen Analyse des Rechts, Bd. 90 der Reihe „Die Einheit der Gesellschaftswissenschaften", Tübingen

Elschen, R. (1991), Gegenstand und Anwendungsmöglichkeiten der Agency-Theorie, Zeitschrift für betriebswirtschaftliche Forschung 434, S. 1002–1012

Eschenburg, R. (1977), Der ökonomische Ansatz zu einer Theorie der Verfassung, Tübingen

Feldmann, H. (1995), Eine institutionalistische Revolution?, Berlin

Fezer, K.-H. (1986), Aspekte einer Rechtskritik an der economic analysis of law und dem property rights approach, Juristenzeitung 41, S. 817–824

Fezer, K.-H. (1988), Nochmals: Kritik an der ökonomischen Analyse des Rechts, Juristenzeitung 43, S. 223–228

Frey, B. S. (1977), Moderne Politische Ökonomie, München

Frey, B. S. (1990 a), Ökonomie ist Sozialwissenschaft, Die Anwendung der Ökonomie auf neue Gebiete, München

Frey, B. S. (1990 b), Vergleichende Analyse von Institutionen: Die Sicht der politischen Ökonomie, Staatswissenschaften und Staatspraxis, Heft 2, S. 158–175

Furubotn, E. G. / Pejovich, S. (1972), Property Rights and Economic Theory: A Survey of the Recent Literature, Journal of Economic Literature 10, S. 1137–1172

Furubotn, E. G. / Pejovich, S. (Hrsg.) (1974), The Economics of Property Rights, Cambridge, Mass.

34

Furubotn, E. G. / Richter, R. (Hrsg.) (1991), The New Institutional Economics, A Collection of Articles from the Journal of Institutional and Theoretical Economics, Tübingen

Gäfgen, G. (1984), Entwicklung und Stand der Theorie der Property Rights: Eine kritische Bestandsaufnahme, in: Neumann, M. (1984) (Hrsg.), Ansprüche, Eigentums- und Verfügungsrechte, Schriften des Vereins für Socialpolitik, N. F. Bd. 140, Berlin, S. 43–62

Hart, O. E. / Holmström, B. R. (1987), The Theory of Contracts, Ch. 3, in: Bewley, T. (Hrsg.), Advances in Economic Theory, Cambridge

Hesse, G. (1980), Der Property Rights-Ansatz. Eine ökonomische Theorie der Veränderung des Rechts? Jahrbuch für Nationalökonomie und Statistik 195/6, S. 481–495

Hirshleifer, J. (1985), The Expanding Domain of Economics, American Economic Review 75, S. 53–68

Homann, K. (1980), Die Interdependenz von Zielen und Mitteln, Bd. 27 der Reihe „Die Einheit der Gesellschaftswissenschaften". Studien in den Grenzbereichen der Wirtschafts- und Sozialwissenschaften, Tübingen

Homann, K. (1997), Moderne Vertragstheorie, Korreferat zu Hasso Hofmann, in: Engel, Ch. (Hrsg.), Das Öffentliche Recht als ein Gegenstand ökonomischer Forschung – die Begegnung der deutschen Staatsrechtslehre mit der Konstitutionellen Politischen Ökonomie [im Erscheinen]

Homann, K. / Kirchner, Ch. (1995 a), Ordnungsethik, in: Jahrbuch für Neue Politische Ökonomie, Bd. 14, Tübingen, S. 189–211

Homann, K. / Kirchner, Ch. (1995 b), Das Subsidiaritätsprinzip in der Katholischen Soziallehre und in der Ökonomik, in: Gerken, L. (Hrsg.), Europa zwischen Ordnungspolitik und Harmonisierung: europäische Ordnungspolitik im Zeichen der Subsidiarität, Berlin, S, 45–69

Horn, N. (1976), Zur ökonomischen Rationalität des Privatrechts, Archiv für civilistische Praxis 176, S. 307–333

Horwitz, M. J. (1969), Law and Economics: Science of Politics? Hofstra Law Review 8, S. 905–912

Hutchison, T. W. (1984), Institutional Economics Old and New, Zeitschrift für die gesamte Staatswissenschaft / Journal of Institutional and Theoretical Economics 140, S. 20–29

Kahnemann, D. (1994), New Challenges to the Rationality Assumption, Zeitschrift für die gesamte Staatswissenschaft / Journal of Institutional and Theoretical Economics 150, S. 18–36

Kahnemann, D. / Tversky, A. (1979), Prospect Theory: An Analysis of Decision under Risk, Econometrica 47, S. 263–291

Kaufmann, A. / Hassemer, W. (1971), Grundproblem der zeitgenössischen Rechtsphilosophie und Rechtstheorie, Frankfurt/Main

Kirchgässner, G. (1988 a), Ökonomie als imperial(istisch)e Wissenschaft. Zur Anwendung des ökonomischen Verhaltensmodells in den benachbarten Sozialwissenschaften, Jahrbuch für Neue Politische Ökonomie, Bd. 7, S. 128–145

Kirchgässner, G. (1988 b), Die neue Welt der Ökonomie, Analyse & Kritik 10, S. 107–137

Kirchgässner, G. (1991), Homo oeconomicus. Das ökonomische Modell individuellen Verhaltens und seine Anwendung in den Wirtschafts- und Sozialwissenschaften, Tübingen

Kirchgässner, G. (1993), Hält sich der Homo Oeconomicus an Regeln? Einige Bemerkungen zur Rolle von Normen und Regeln im Rahmen der Konzeption des ökonomischen Verhaltensmodells, in: Jahrbuch für Neue Politische Ökonomie 12, S. 181–197

Kirchner, Ch. (1988), Das Verhältnis der Rechtswissenschaft zur Nationalökonomie. Die neue Institutionökonomie und die Rechtswissenschaft, Jahrbuch für Neue Politische Ökonomie, Bd. 7, S. 192–208

Kirchner, Ch. (1991 a), The Difficult Reception of Law and Economics in Germany, International Review of Law and Economics 11, S. 277–292

Kirchner, Ch. (1991 b), Kommentar zum Referat von H. Todt „Freiheit und Utilitarismus", in: Ott, C. / Schäfer, H.-B. (Hrsg.), Ökonomische Probleme des Zivilrechts, Berlin u. a., S. 35–38

Kirchner, Ch. (1994 a), Patentrecht und Wettbewerbsbeschränkungen, in: Ott, C. / Schäfer, H.-B. (Hrsg.), Ökonomische Analyse der rechtlichen Organisation von Innovationen, Tübingen, S. 157–187

Kirchner, Ch. (1994 b), New Challenges to the Rationality Assumption – Comment, Zeitschrift für die gesamte Staatswissenschaft / Journal of Institutional and Theoretical Economics 150, S. 37–41

Kirchner, Ch. (1996), Regulierung durch öffentliches Recht und/oder Privatrecht aus der Sicht der ökonomischen Theorie des Rechts, in: Hoffmann-Riem, W. / Schmidt-Aßmann, E. (Hrsg.), Öffentliches Recht und Privatrecht als wechselseitige Auffangordnungen, Baden-Baden, S. 63–84

Kirchner, Ch. / Koch, S. (1989), Norminterpretation und ökonomische Analyse des Rechts, Analyse & Kritik 11, S. 111–133

Kirchner, Ch. / Schwartze, A. (1995), Legitimationsprobleme in einer Europäischen Verfassung, Staatswissenschaft und Staatspraxis 6 (2), S. 183–207

Koop, M. J. / Siebert, H. (1993 a), Institutional Competition Versus Centralization: Quo Vadis Europe? Oxford Review of Economic Policy 1 (9), S. 15–30

Koop, M. J. / Siebert, H. (1993 b), Institutional Competition. A Concept for Europe? Außenwirtschaft IV (45), S. 439–462

Kornhauser, L. A. (1980), A Guide to the Perplexed Claims of Efficiency in the Law, Hofstra Law Review 8, S. 591–639

Kübler, F. (1990), Effizienz als Rechtsprinzip, in: Baur, J. F. / Hopt, K. J. / Mailänder, K. P. (Hrsg.), Festschrift für Ernst Steindorff zum 70. Geburtstag am 13. März 1990, Berlin u. a., S. 687–704

Leschke, M. (1993), Ökonomische Verfassungstheorie und Demokratie, Berlin

Mack, E. (1994), Ökonomische Rationalität. Grundlage einer interdisziplinären Wirtschaftsethik?, Berlin

Markovits, R. S. (1980), Legal Analysis and the Economic Analysis of Allocative Efficiency, Hofstra Law Review 8, S. 811–903

Meyer, W. (1983), Entwicklung und Bedeutung des Property Rights-Ansatzes in der Nationalökonomie, in: Schüller, A. (Hrsg.), Property Rights und Ökonomische Theorie, München, S. 1–44

Mueller, D. C. (1979), Public Choice, Cambridge

Mueller, D. C. (1991), Public Choice II, Cambridge

Munro, G. R. (1982), Fisheries, Extended Jurisdiction and the Economics of Common Property Resources, Canadian Journal of Economics 15, S. 405–425

Neumann, M. (Hrsg.) (1984), Ansprüche, Eigentums- und Verfügungsrechte, Arbeitstagung des Vereins für Socialpolitik, Gesellschaft für Wirtschafts- und Sozialwissenschaften in Basel vom 26.–28. September 1983, Schriften des Vereins für Socialpolitik, N. F. Bd. 140, Berlin

Nutter, G. W. (1979), On Economism, Journal of Law and Economics 22, S. 263–268

Ott, C. / Schäfer, H.-B. (1988), Die ökonomische Analyse des Rechts – Irrweg oder Chance wissenschaftlicher Rechtserkenntnis? Juristenzeitung 43, S. 213–223

Pejovich, S. (1990), The Economics of Property Rights: Toward A Theory of Comparative Systems, Boston

Peltzmann, S. (1976), Toward a more general Theory of Regulation, Journal of Law and Economics 19, S. 211–240

Pies, I. (1993), Normative Institutionenökonomik, Zur Rationalisierung des politischen Liberalismus, Band 78 der Reihe „Die Einheit der Gesellschaftswissenschaften".

36

Studien in den Grenzbereichen der Wirtschafts- und Sozialwissenschaften, Tübingen

Pigou, A. C. (1920), The Economics of Welfare, London (4. Aufl., 1932)

Polinsky, A. M. (1974/1993), Economic Analysis as a Potentially Defective Product: A Buyer's Guide to Posner's Economic Analysis of Law, Harvard Law Review 87 (1974), S. 1655 ff.; deutsche Übersetzung „Ökonomische Analyse als ein potentiell mangelhaftes Produkt: Eine Verbraucherinformation zu Posners »Ökonomische Analyse des Rechts«, in: Assmann, H.-D. / Kirchner, Ch. / Schanze, E. (Hrsg.), Ökonomische Analyse des Rechts, Neuauflage, Tübingen 1993"

Pommerehne, W. W. / Frey, B. S. (Hrsg.) (1979), Ökonomische Theorie der Politik, Berlin

Posner, R. A. (1992), Economic Analysis of Law, 4. Aufl., Boston

Pratt, J. W. / Zweckhauser, R. J. (Hrsg.) (1985), Principals and Agents: The Structure of Business, Boston

Prisching, M. (1979), Ökonomische Rechtslehre? Über die Prämissen und Grenzen des „Economic Approach" im Recht, in: Rechtswissenschaftliche Fakultät der Universität Graz (Hrsg.), Reformen des Rechts, Festschrift zur 200-Jahr-Feier der Universität Graz, Graz, S. 995–1020

Prosi, G. (1991), Europäische Integration durch Wettbewerb? – eine politisch-ökonomische Analyse, in: Radnitzky, G. / Bouillon, H. (Hrsg.): Ordnungstheorie und Ordnungspolitik, Berlin, S. 119–135

Radnitzky, G. / Bernholz, P. (Hrsg.) (1987), Economic Imperialism. The Economic Method Applied Outside the Field of Economics, New York

Rawls, J. (1971/1972), A Theory of Justice, Oxford; deutsche Fassung: „Eine Theorie der Gerechtigkeit", übersetzt von H. Vetter, Frankfurt a. M.

Richter, R. (1990), Sichtweise und Fragestellungen der Neuen Institutionenökonomik, Zeitschrift für Wirtschafts- und Sozialwissenschaften 110, S. 571–591

Richter, R. (1994), Institutionen ökonomisch analysiert. Zur jüngeren Entwicklung auf einem Gebiet der Wirtschaftstheorie, Tübingen

Richter, R. / Furubotn, E. (Hrsg.) (1991), The New Institutional Economics. New Views of Antitrust, June 20–22, 1990 Wallerfangen/Saar, Zeitschrift für die gesamte Staatswissenschaft / Journal of Institutional and Theoretical Economics 147, S. 1–239

Richter, R. / Furubotn, E. (1996), Neue Institutionenökonomik, Tübingen

Robbins, L. (1935), An Essay on the Nature and Significance of Economic Science, 2. Aufl., London

Schäfer, H.-B. (1989), Allokationseffizienz als Grundprinzip des Zivilrechts, in: Ott, C. / Schäfer, H.-B. (Hrsg.) (1989), Allokationseffizienz in der Rechtsordnung, Beiträge zum Travemünder Symposium zur ökonomischen Analyse des Zivilrechts, 23.–26. März 1988, Berlin u. a., S. 1–24

Schäfer, H.-B. / Ott, C. (1995), Lehrbuch der ökonomischen Analyse des Zivilrechts, 2. Aufl., Berlin u. a.

Schäfer, H.-B. / Wehrt, K. (Hrsg.) (1989), Die Ökonomisierung der Sozialwissenschaften, Frankfurt a. M., New York

Schmidtchen, D. (1983), Property Rights, Freiheit und Wettbewerbspolitik, Tübingen

Schmidtchen, D. (1991), Jenseits von Maximierung, Gleichgewicht und Effizienz: Neuland für die ökonomische Analyse des Rechts?, in: Ott, C. / Schäfer, H.-B. (Hrsg.), Ökonomische Probleme des Zivilrechts, Berlin u. a., S. 316–343

Schmoller, G.v. (1900), Grundriß der Allgemeinen Volkswirtschaftslehre, München

Schüller, A. (Hrsg.) (1983), Property Rights und ökonomische Theorie, München

Schweizer, U. (1990), Calculus of Consent: A Game-theoretic Perspective, Zeitschrift für die gesamte Staatswissenschaft / Journal of Institutional and Theoretical Economics 146, 28–54

Simon, H. A. (1957), Rationality and Administrative Decision Making, in: Models of Man, New York u. a., S. 196–206

Simon, H. A. (1976), Administrative Behavior. A Study of Decision-Making Processes in Administrative Organization, 3. Aufl., New York, London

Simon, H. A. (1978), Rationality as Process and Product of Thougth, Chicago, London

Sinn, H.-W. (1989), Kommentar, in: Ott, C. / Schäfer, H.-B. (Hrsg.), Allokationseffizienz in der Rechtsordnung, Berlin u. a., S. 81–90

Sinn, H.-W. (1990), Die Grenzen des Systsemwettbewerbs, Münchner Wirtschaftswissenschaftliche Beiträge, 90/06. München

Stigler, G. J. (1971, 1975), The Theory of Economic Regulation, in: Stigler, G. J., The Citizen and the State – Essay on Regulation, Chicago u. a., S. 114–141

Streit, M. E. (1991), Theorie der Wirtschaftspolitik, 4. Aufl. Düsseldorf

Streit, M. E. (1995), Dimensionen des Wettbewerbs – Systemwandel aus ordnungsökonomischer Sicht. Zeitschrift für Wirtschaftspolitik 2 (44), S. 113–134

Streit, M. E. / Mussler, W. (1995), Wettbewerb der Systeme und das Binnenmarktprogramm der Europäischen Union, in: Gerken, L. (Hrsg.) Europa zwischen Ordnungspolitik und Harmonisierung: europäische Ordnungspolitik im Zeichen der Subsidiarität, Berlin, S. 75–107

Taupitz, J. (1996), Ökonomische Analyse und Haftungsrecht. Eine Zwischenbilanz, Archiv für civilistische Praxis 196, S. 114–167

Todt, H. (1991), Freiheit und Utilitarismus, in: Ott, C. / Schäfer, H.-B. (Hrsg.), Ökonomische Probleme des Zivilrechts, Berlin u. a., S. 1–17

Tversky, A. / Kahnemann, D. (1991), Loss Aversion in Riskless Choice: A Reference-Dependent Model, Quarterly Journal of Economics 106, S. 1039–1061

Wälde, T. W. (1979), Juristische Folgenorientierung, Königstein

Weizsäcker, C. Ch. v. (1982), Staatliche Regulierung: Positive und normative Theorie, Schweizerische Zeitschrift für Volkswirtschaft und Statistik 118, S. 325–342